COORDENAÇÃO EDITORIAL

Waldyane Zanca

PARENTALIDADE

da teoria à prática

Literare Books
INTERNATIONAL
BRASIL • EUROPA • USA • JAPÃO

PRESIDENTE DO CONSELHO
Maurício Sita

PRESIDENTE
Alessandra Ksenhuck

VICE-PRESIDENTES
Claudia Pires
Julyana Rosa

DIRETORA DE PROJETOS
Gleide Santos

CONSULTORA DE PROJETOS
Daiane Almeida

EDITOR
Enrico Giglio de Oliveira

ASSISTENTE EDITORIAL
Felipe de Camargo Benedito e Júlia Almeida

REVISORES
Daniela Braz e Ivani Rezende

CAPA E DESIGN EDITORIAL
Lucas Yamauchi

DIAGRAMAÇÃO
Luargraf e Ana Paula Nunes Medeiros

IMPRESSÃO
Paym

Dados Internacionais de Catalogação na Publicação (CIP)
(eDOC BRASIL, Belo Horizonte/MG)

Z27p Zanca, Waldyane.
Parentalidade: da teoria à prática / Coordenadora Waldyane Zanca. – São Paulo, SP: Literare Books International, 2024.
272 p. : 14 x 21 cm

Inclui bibliografia
ISBN 978-65-5922-899-7

1. Parentalidade. 2. Famílias. 3. Pais e filhos. I. Zanca, Waldyane.

CDD 306.85

Elaborado por Maurício Amormino Júnior – CRB6/2422

LITERARE BOOKS INTERNATIONAL LTDA.
Rua Alameda dos Guatás, 102
Vila da Saúde — São Paulo, SP. CEP 04053-040
+55 11 2659-0968 | www.literarebooks.com.br
contato@literarebooks.com.br

FSC www.fsc.org
MISTO
Papel produzido a partir de fontes responsáveis
FSC® C133282

SUMÁRIO

PREFÁCIO

Educadoras parentais que também são: psicólogas, pedagogas, psicopedagogas, neuropsicólogas, *coachs*, advogadas, palestrantes, terapeutas, pediatras, mães e, principalmente, escritoras, é a prova concreta de que essa profissão pode ser abraçada por todos que querem colaborar por um mundo melhor, por meio do apoio a pais, mães e figuras parentais. Essa riqueza nas trajetórias profissionais das autoras deste livro só poderia resultar em uma obra tão ampla e interessante!

Os temas também vão muito além da profissão do(a) educador(a) parental. São capítulos sobre: crianças, adolescentes, disciplina positiva, famílias atípicas, neurociência, transtornos, afeto, educação sexual, uso excessivo de telas, vínculo, comunicação entre pais e filhos, inteligência emocional e muito, muito mais. O primeiro capítulo já apresenta a definição, as funções, os pilares e a importância do educador parental. E, cada texto, seja mais teórico (apresentando referências bibliográficas e pesquisas sólidas) ou mais prático (com relatos de experiências), apresenta, aos leitores, caminhos seguros para trilharem com seus próprios filhos ou, como educadores parentais, com os pais e mães que orientam.

Para quem começou a buscar conhecimento por meio da literatura especializada em parentalidade há três décadas atrás, e pouco conseguia encontrar material de qualidade, observar o crescimento na oferta de informação disponível hoje para pais e mães é, no mínimo, gratificante. Como pioneira na área de formação de educadores parentais, precisei começar meus estudos em disciplina positiva em inglês! Atuo na área de educação há 41 anos e com formação de profissionais há mais de 30 anos. Literatura e cursos técnicos para as mais diversas profissões, com teoria e prática, sempre existiram. Literatura e cursos técnicos sobre educação parental não! Isso ainda é novo no Brasil.

Durante séculos, o senso comum foi que não era necessário estudar para ser mãe ou pai – infelizmente, essa continua sendo a crença de muitos. Felizmente, essa realidade está mudando graças a pioneiras como as autoras do *Parentalidade – da teoria à prática,* que nos conquistam com suas palavras cheias de propósito e informação.

Obrigada, Wal, pelo convite e por ter reunido, em uma só obra, profissionais e temas tão relevantes relacionados à parentalidade.

Desejo muito sucesso a cada uma e ao crescimento desse movimento que ainda estamos iniciando.

Prof. Ma. Bete P. Rodrigues

Trainer em Disciplina Positiva, palestrante, consultora, empresária e professora da COGEAE- PUC/SP desde 2006. Larga experiência na educação, é criadora da pós-graduação integral de Educação Parental. Autora de nove livros, com destaque para *14 competências essenciais do educador parental.*

01

DEFINIDO A EDUCAÇÃO PARENTAL

NAVEGANDO NAS ÁGUAS DO CUIDADO RESPONSÁVEL

Este capítulo aborda a complexidade da educação parental, destacando o aumento de relevância diante das transformações nas dinâmicas familiares e expectativas sociais. A evolução desse campo é analisada, revelando mudanças significativas nas abordagens normativas, reconhecendo a diversidade familiar e a importância da formação especializada.

WALDYANE ZANCA

Waldyane Zanca

Educadora parental especialista em educação parental e inteligência emocional, em performance familiar em neuropsicopedagogia e neuroaprendizagem e em *coach* escolar. Certificação internacional de Educação Parental em Disciplina Positiva pela Positive Discipline Association (PDA). Graduanda em Psicopedagogia, pós-graduanda da Pós-graduação Integral em Educação Parental (Fac Focus/Bete P. Rodrigues). É analista de perfil comportamental. Realiza atendimentos on-line e presenciais para adultos, orientação parental, palestras, *workshops*, grupos de estudo e treinamentos. Autora dos e-books *Como fortalecer a identidade do seu filho, Pais em formação* e *Relacionamento entre pais e filhos.* É coautora dos seguintes livros: *Desenvolvendo pais, fortalecendo filhos; Educação e afeto; O mundo da criança – vol. II; Pais em construção* e *Autismo: quando o diagnóstico chega vol. I.*

Contatos
waldyanezanca@gmail.com
Instagram: @walzancaoficial
71 99961 2050

A educação parental é uma área complexa e multifacetada que tem ganhado destaque nos últimos anos devido às mudanças nas dinâmicas familiares e nas expectativas sociais. O termo refere-se ao conjunto de práticas, habilidades e responsabilidades envolvidas no cuidado e na orientação de pais e famílias, muitas vezes desempenhado por profissionais especializados, como educadores parentais, psicólogos, assistentes sociais, professores e terapeutas familiares.

De acordo com Carvalho (2019):

> [...] a visão dos Profissionais de Educação Parental (PEP) está associada à sua ação; a formação específica na área pode contribuir para a valorização das práticas de qualidade e a sua consequente aplicação. Ajudar os pais na sua missão de educadores a desenvolver competências que lhes permitam melhorar as suas práticas educativas é o principal objetivo a cumprir pela Educação Parental (EP).

A evolução da educação parental é um fenômeno intrigante e significativo, moldado por mudanças sociais, avanços científicos e uma compreensão mais profunda das complexidades envolvidas na criação de filhos. Ao longo das décadas, esse campo dinâmico tem passado por transformações notáveis, refletindo não apenas as mudanças nas estruturas familiares, mas também a busca constante por melhores práticas no apoio às famílias em sua jornada parental.

No passado, o paradigma tradicional da parentalidade era muitas vezes caracterizado por papéis rigidamente definidos para pais e mães. A figura do pai como o provedor e a mãe como a principal cuidadora era a norma. No entanto, à medida que a sociedade avançava, esse modelo deu lugar a uma abordagem mais diversificada, reconhecendo a singularidade de cada família e o valor de diversas configurações parentais.

A evolução da parentalidade também testemunhou uma mudança na abordagem normativa para uma perspectiva mais flexível. Anteriormente, as normas rígidas muitas vezes ditavam o que era considerado "bom" ou "adequado" na criação de filhos. Hoje, há uma ênfase crescente na individualidade, na adaptação e no reconhecimento de que não existe um único caminho para a parentalidade bem-sucedida.

Ainda segundo Carvalho (2019):

> A formação especializada tende, também, a determinar a importância dada às práticas parentais. As diferenças entre os PEP, com e sem formação especializada, relativamente à importância que atribuem às práticas, situam-se nos seguintes padrões: Comunicar eficazmente com os pais, Assegurar a confidencialidade respeitando, simultaneamente, as práticas legais de proteção da criança, Proporcionar serviços que valorizem e respeitem os pais, Desenvolver a reflexão dos pais sobre a influência da parentalidade e sobre as relações pais-filhos, Trabalhar com os pais que têm necessidades complexas e com dificuldade em aceder aos serviços, Apoiar outros profissionais no desenvolvimento das suas práticas, Assegurar o respeito pelos princípios legais, reguladores, éticos e sociais, Contribuir para o trabalho da equipe.

Parentalidade, um termo que transcende as barreiras do tempo e das culturas, é uma jornada única e transformadora que envolve a criação e orientação de filhos. Reflete o delicado equilíbrio entre amor incondicional, responsabilidade e a busca incessante pelo melhor interesse da criança. Em meio a essa jornada complexa, surge a figura crucial do educador parental, uma presença orientadora que desempenha um papel vital em apoiar, educar e capacitar pais e famílias.

Esses profissionais são especializados em orientar indivíduos e casais sobre a criação de filhos. Sua missão é facilitar o desenvolvimento saudável da dinâmica familiar, fornecendo ferramentas práticas, conhecimento especializado e um espaço seguro para a expressão de dúvidas e desafios.

De acordo com Sampaio (2011),

> [...] no âmbito de um trabalho em educação parental, o profissional deve acreditar na mudança humana, ser criativo e aberto às constantes adaptações que requer uma intervenção desta natureza, com base numa observação criteriosa e constante e balizado pelo planeamento e avaliação da mesma. Desta forma, poderá minimizar os constrangimentos mais comuns nestas intervenções, como são as generalizações abusivas sobre as famílias, a emergência constante de novas problemáticas familiares, a gestão das relações de poder no trabalho com as famílias, a diversidade de atores nas intervenções com as famílias e, por último, a dificuldade em objetivar os processos de mudança.

Eles oferecem suporte emocional, ajudam na gestão do estresse e fornecem ferramentas práticas para equilibrar as responsabilidades parentais com as demandas do trabalho. Além disso, esses especialistas podem oferecer orientação sobre licença parental, flexibilidade no local de trabalho e estratégias para construir uma rede de apoio sólida.

Definindo a parentalidade

A parentalidade é um conceito holístico que abrange as diversas dimensões envolvidas na criação de filhos. Vai além das tarefas práticas do cotidiano, incorporando o aspecto emocional, social e moral da conexão entre pais e filhos. É um processo contínuo de aprendizado e crescimento mútuo, no qual os pais moldam e são moldados pelas experiências com seus filhos.

Segundo Moro (2005),

> Não nascemos pais, tornamo-nos pais... A parentalidade se fabrica com ingredientes complexos. Alguns deles são coletivos, pertencem à sociedade como um todo, mudam com o tempo, são históricos, jurídicos, sociais e culturais. Outros são mais íntimos, privados, conscientes ou inconscientes, pertencem a cada um dos dois pais enquanto pessoas, enquanto futuros pais, pertencem ao casal, à própria história familiar do pai e da mãe. Aqui está em jogo o que é transmitido e o que é escondido, os traumas infantis e a maneira com a qual cada um os contém. E depois, há toda uma outra série de fatores que pertencem à própria criança, ela que transforma seus genitores em pais.

Gorin (2015) nos mostra também que:

> Sabemos que o processo de tornar-se pai e mãe vai muito além da função biológica, sendo necessariamente marcado pelo contexto sociocultural, pela história do sujeito na sua família e pela subjetividade de cada um. A chegada de um novo bebê põe em movimento aspectos subjetivos de cada um dos pais, englobando ideais, medos, lembranças da própria infância, modelos paternos e maternos, além de expectativas acerca do futuro.

Essa jornada envolve momentos de alegria e celebração, mas também desafios e questionamentos. A parentalidade não é uma ciência exata, mas uma jornada pessoal que evolui com cada família. Envolve a nutrição não apenas das necessidades físicas da criança, mas também das necessidades emocionais, psicológicas e sociais.

Funções do educador parental

Orientação e educação: educadores parentais desempenham um papel fundamental na educação dos pais, fornecendo informações sobre o desenvolvimento infantil, estratégias da Disciplina Positiva e técnicas de comunicação eficazes.

Apoio emocional: oferecem um suporte emocional vital, reconhecendo que a parentalidade pode ser uma jornada emocionalmente desafiadora. Ajudam os pais a navegar por sentimentos de dúvida, estresse e ansiedade.

Resolução de conflitos: facilitam a comunicação aberta ente pais e filhos e ajudam a desenvolver estratégias para lidar com desafios interpessoais.

Prevenção e saúde mental: atuam na prevenção, identificação e gestão de questões relacionadas à saúde mental dos pais e filhos, promovendo ambientes familiares saudáveis.

Advocacia pela igualdade e diversidade: defendem a igualdade de gênero, respeito à diversidade familiar e a promoção de ambientes inclusivos e acolhedores para todas as configurações familiares.

Os pilares da educação parental

Os pilares da educação parental representam os temas ou assuntos essenciais que sustentam a prática e orientação eficazes para pais. Esses princípios fundamentais são a base sobre a qual os educadores parentais constroem estratégias e oferecem suporte para promover o desenvolvimento saudável das crianças e o bem-estar familiar.

Vamos explorar esses pilares fundamentais.

1. Desenvolvimento infantil e juvenil

Os educadores parentais devem ter uma compreensão abrangente do desenvolvimento infantil e juvenil, abarcando aspectos físicos, cognitivos, emocionais e sociais, e saber orientar pais para que eles tenham uma observação contínua no desenvolvimento de cada criança.

2. Comunicação e escuta ativa

Desenvolver habilidades de comunicação empática é vital para estabelecer uma relação de confiança com os pais, promovendo um ambiente aberto para discussões e perguntas. A escuta ativa permite aos profissionais captarem as preocupações e necessidades dos pais, facilitando uma abordagem mais personalizada no suporte oferecido.

3. Estratégias parentais eficazes

Os educadores parentais devem fornecer informações educativas claras e acessíveis sobre estratégias de Disciplina Positiva porque são respeitosas, empáticas e eficazes. Capacitar os pais com ferramentas e conhecimentos que lhes permitam tomar decisões informadas e exercer uma parentalidade consciente.

4. Equidade de gênero

Os educadores parentais devem trabalhar para eliminar estereótipos de gênero e promover a igualdade de participação entre pais e mães nas responsabilidades parentais. Reconhecer e abordar as desigualdades de gênero que possam influenciar as dinâmicas familiares e a parentalidade.

5. Diversidade familiar

Os educadores parentais devem respeitar e reconhecer a variedade de estruturas familiares, incluindo famílias monoparentais, famílias LGBTQ+ e outras formas diversas de parentalidade. Uma abordagem culturalmente sensível é essencial para compreender e atender às necessidades específicas de diferentes grupos culturais.

6. Saúde mental parental

Os educadores parentais devem estar atentos à saúde mental dos pais, oferecendo suporte proativo e recursos para lidar com o estresse e desafios emocionais. Abordar o estigma associado à saúde mental, incentivando pais a buscar ajuda quando necessário, contribui para um ambiente mais saudável.

7. Abordagem holística

Os educadores parentais devem adotar uma abordagem holística, considerando não apenas o indivíduo, mas também o contexto social, cultural e econômico em que a família está inserida. A colaboração com outros profissionais, como psicólogos, assistentes sociais e professores, permite uma abordagem mais abrangente e eficaz.

Como vimos até aqui, o educador parental precisa desenvolver competências, sejam elas técnicas, sociais e emocionais, para poder ajudar os pais a desenvolverem também habilidades parentais (RODRIGUES, 2024).

Ainda de acordo com Rodrigues (2024),

> No caso do educador parental, é amar estudar os assuntos relacionados à Parentalidade e querer compartilhar seus saberes e experiências com pais e mães da melhor maneira possível: planejando com cuidado, gerenciando situações de aprendizagem com sabedoria e refletindo sobre o trabalho realizado.

Os pilares da educação parental acima citados formam uma base robusta que sustenta as práticas eficazes com temas e assuntos essenciais, proporcionando suporte significativo para os pais no importante papel de criação e desenvolvimento de suas famílias.

Gottman (1997) nos apresenta uma excelente definição do porquê cuidar dos pais, do porquê preparar emocionalmente os pais na educação dos filhos. Ele nos traz que:

> O que muda quando a criança tem pais preparadores emocionais? Através da observação e da análise detalhadas de palavras, atos e respostas emocionais das famílias ao longo do tempo, descobrimos um contraste verdadeiramente significativo. Crianças que têm preparo emocional são fisicamente mais saudáveis e apresentam melhor desempenho acadêmico do que as que não têm. Estas crianças se dão melhor com os amigos, têm menos problemas de comportamento e são menos propensas à violência. E o que é mais importante têm menos sentimentos negativos e mais positivos. Em resumo, são mais saudáveis emocionalmente também.

Isso destaca a importância crucial do preparo emocional dos pais na educação dos filhos. Ao analisar minuciosamente as interações familiares ao longo do tempo, o autor revela um contraste significativo entre crianças que têm pais preparadores emocionais e aquelas que não têm.

A conclusão que podemos extrair da reflexão de Gottman é que investir no preparo emocional dos pais não é apenas benéfico para o bem-estar individual das crianças, mas representa um investimento na saúde emocional da sociedade como um todo.

Crianças que crescem em ambientes emocionalmente enriquecidos têm a oportunidade de se tornarem adultos mais equilibrados, resilientes e capazes de contribuir positivamente para o convívio social.

Portanto, é imperativo reconhecer e promover a importância do preparo emocional dos pais como um elemento essencial na construção de um futuro emocionalmente saudável e harmonioso para as gerações vindouras.

Importância dos educadores parentais

A importância dos educadores parentais vai além do suporte individual. Os educadores parentais desempenham um papel crucial ao oferecer suporte e orientação a indivíduos e casais. Sua importância reside em:

- Equilíbrio entre vida profissional e familiar: ajudam a encontrar estratégias para conciliar as demandas da carreira com as responsabilidades parentais, promovendo um equilíbrio saudável.
- Suporte emocional: oferecem auxílio emocional durante períodos desafiadores, como a chegada de um filho, contribuindo para o bem-estar psicológico dos pais.
- Gestão do estresse: auxiliam na gestão do estresse associado às pressões do trabalho e às demandas familiares, promovendo uma abordagem mais resiliente diante dos desafios.
- Construção de rede de apoio: facilitam a consciência sobre a importância da construção de redes de apoio sólidas, incluindo familiares, amigos e colegas, para fortalecer o suporte social.
- Igualdade de gênero: a educação parental também está intrinsecamente ligada à igualdade de gênero no local de

trabalho, por exemplo. Historicamente, as mães enfrentaram obstáculos adicionais em suas carreiras devido à expectativa social de que são as principais cuidadoras. Educadores parentais desempenham um papel vital ao desafiar essas normas e promover uma cultura organizacional que valoriza tanto a paternidade quanto a maternidade. Contribuem para eliminar estigmas associados à parentalidade no local de trabalho, promovendo uma cultura organizacional mais inclusiva e igualitária.

- Políticas organizacionais: defendem por políticas de empresa que reconheçam e apoiem as responsabilidades parentais, como licença parental remunerada e horários flexíveis.
- Treinamento para gestores: empresas e organizações estão começando a reconhecer a necessidade de políticas que promovam um ambiente de trabalho que respeite e acomode as responsabilidades parentais dos funcionários. A implementação de medidas como horários flexíveis, licença parental remunerada e programas de apoio à parentalidade contribui não apenas para o bem-estar dos colaboradores, mas também para a produtividade e retenção de talentos. Esses especialistas podem fornecer treinamento e workshops para capacitar os gestores a apoiar efetivamente os funcionários, promovendo uma liderança mais sensível à parentalidade. Isso cria um ambiente mais inclusivo e ajuda a eliminar estigmas associados à parentalidade no local de trabalho.
- Personalização de estratégias: à medida que a educação parental ganha destaque, é essencial reconhecer que cada indivíduo e família têm as próprias necessidades e desafios. Educadores parentais trabalham para personalizar estratégias e soluções que atendam às circunstâncias específicas de cada cliente. Adaptam estratégias e soluções às necessidades específicas de cada indivíduo ou família, reconhecendo a singularidade de cada situação.

Diante de tudo já exposto, podemos concluir que a educação parental emerge como um campo dinâmico e essencial na sociedade contemporânea, respondendo às transformações nas dinâmicas familiares e nas expectativas sociais.

A evolução desse campo reflete não apenas a diversificação das estruturas familiares, mas também a busca por abordagens mais flexíveis e individualizadas na criação de filhos.

A formação especializada desses profissionais é fundamental para valorizar práticas de qualidade e contribuir para uma parentalidade mais consciente e eficaz.

Em última análise, a educação parental representa uma resposta necessária às complexidades da criação de filhos na sociedade contemporânea, reconhecendo a importância de abordagens personalizadas, suporte emocional e políticas organizacionais que valorizem as responsabilidades parentais. Ao enfrentar os desafios da parentalidade, esses profissionais desempenham um papel vital na construção de famílias e indivíduos emocionalmente saudáveis.

Referências

CARVALHO, O. et al. O valor das práticas de educação parental: visão dos profissionais. *Ensaio: aval. pol. públ. educ.*, Rio de Janeiro, v. 27, n. 104, pp. 654-684, jul. 2019. Disponível em: <http://educa.fcc.org.br/scielo.php?script=sci_arttext&pid=S0104-40362019000300654&lng=pt&nrm=iso>. Acesso em: 1 fev. de 2024. Epub 02-Jul-2019. https://doi.org/10.1590/s0104-40362019002701653.

GORIN, M. C. et al. O estatuto contemporâneo da parentalidade. *Rev. SPAGESP,* Ribeirão Preto, v. 16, n. 2, pp. 3-15, 2015. Disponível em: <http://pepsic.bvsalud.org/scielo.php?script=sci_arttext&pid=S1677=29702015000200002-&lng=pt&nrm-iso>. Acesso em 1 fev. de 2024.

GOTTMAN J. *Inteligência emocional e a arte de educar nossos filhos.* Rio de Janeiro: Editora Objetiva,1997.

MORO, M. R. Os ingredientes da parentalidade. *Revista Latinoamericana de Psicopatologia Fundamental,* vol. VIII, n. 2, junho, 2005, pp. 258-273. Associação Universitária de Pesquisa em Psicopatologia Fundamental. São Paulo, Brasil.

RODRIGUES, B. P. *14 Competências essenciais do educador parental: para profissionais que orientam pais e mães.* Santana de Parnaíba/SP: Manole, 2024.

SAMPAIO, D.; CRUZ, H.; CARVALHO, M. *Crianças e jovens em risco: a família no centro da intervenção.* Cascais, Portugal: Princípia, 2011.

02

APRENDENDO A OUVIR OS FILHOS PARA CONHECÊ-LOS

Só podemos conhecer alguém quando disponibilizamos o nosso tempo, o nosso olhar atento e a nossa escuta. Com os filhos não é diferente! Um pai e uma mãe querem e até buscam atender as necessidades emocionais dos filhos. Mas, para isso, se faz necessário identificá-las.

ANA CAROLINA MARRA

Ana Carolina Marra

Psicóloga clínica, especialista em terapia de casais e famílias (INTCC-RS), pós-graduanda em Terapia Cognitivo-comportamental, em Terapia de Esquemas (COGNITIVO) e em Parentalidade (PUC-PR). Certificação em Educação Parental em Disciplina Positiva (PDA) e em *Parent Coaching* – *Coaching* Parental (Jacqueline Vilela – *Parent Coaching* Brasil).

Contatos
anaccarolinamarra@gmail
Instagram: @anaccarolinamarra
@allegravoce
64 99676 9291

A mãe diz: "Não sei o que está acontecendo com meu filho!"O pai, muito intrigado, relata: "Ele nunca foi assim! Ele não fazia isso!"

Concordo com eles e com você que, muitas vezes, desconhecemos o que está acontecendo com nossos filhos. Realmente, não é fácil. Frequentemente, os pais se paralisam diante de uma escuridão dessas.

Existem habilidades essenciais e básicas para tentar desvendar algumas situações difíceis que passamos com nossos filhos e criarmos soluções para o nosso lar ou para você, que é educador parental, caminhos para conduzir cuidadores na jornada. Com isso, até se prevenir de circunstâncias piores.

Então, venha comigo!

Parafraseio Alberto Caeiro em Escutatória, de Rubem Alves: "Não é bastante ter ouvidos para ouvir o que é dito". Concordo e acato seus dizeres, por isso pergunto: "Meu caro leitor, será que realmente sabemos ouvir? Já que não é bastante, o que mais podemos fazer?"

Cabe a todos nós, educadores parentais ou pais, exercitarmos na direção do que chamo de "movimentos da escuta", que vão nos oferecer caminhos para ajudar nossas crianças. Criei um passo a passo para ajudá-lo a percorrer essa trajetória e vou apresentar daqui a pouquinho.

Ah! Lembre-se de que os benefícios não são apenas para as crianças, pois aprender a ouvir está relacionado à qualidade da nossa conexão com elas. Esses benefícios refletem no nosso ambiente, nas nossas vivências, nos nossos dias e nas nossas vidas.

Quero deixar um trecho de Escutatória para começar a lançar luz em nossa peregrinação.

> Daí a dificuldade: A gente não aguenta ouvir o que o outro diz sem logo dar um palpite melhor... Sem misturar o que ele diz com aquilo que a gente tem a dizer. Como se aquilo que ele diz não fosse digno de descansada consideração... E precisasse ser complementado por aquilo que a gente tem a dizer, que é muito melhor. Nossa incapacidade de ouvir é a manifestação mais constante e sutil de nossa arrogância e vaidade (ALVES, R. *Escutatória*).

Vivemos tempos em que não escutamos e não enxergamos mutuamente. Vivemos sem tempo não só porque não nos sobra mais tempo, mas porque existem muitas e diversas distrações ao nosso dispor. Tempos em que "não há tempo para ter filhos" e esse projeto é deixado para depois, depois disso, depois daquilo, depois de... E depois que eles nascem, o tempo com eles também fica para depois.

Como bem disse Rubem Alves: "É preciso também que haja silêncio dentro da alma". Ouvir é dar atenção, é dar o devido valor. Para ouvir, é preciso querer, é preciso entender a necessidade e importância de se fazer isso.

Vou ensinar alguns movimentos simples, ricos, afetuosos e, infelizmente, raros, principalmente nos dias atuais. Vamos comigo?

Você está me ouvindo falar sobre isso para você? Ou está pensando em outras coisas ao mesmo tempo? Ou já pulou algumas páginas para chegar logo ao final do assunto? É mais frequente do que imaginamos a nossa dificuldade e falta de costume em prestarmos atenção ao que vem do outro quando exige um pouco mais do nosso tempo e paciência. Agora, podemos ir? Fique comigo aqui.

Vamos PARAR para pensar um pouquinho nos MOVIMENTOS da escuta. Opa! Parar? Sim, eu disse parar. Parece contraditório, não é? Inclusive, essa PARADA é o nosso primeiro MOVIMENTO DA ESCUTA. Com certeza, você estará bastante atarefado ou no mínimo envolvido com alguns pensamentos que, provavelmente lhe ocorrem de maneira inconsciente e despercebida. No entanto, precisamos pensar na proposta de PARADA como um movimento.

Movimentos da escuta – passo a passo

Movimento 1: parada obrigatória (placa PARE)

No momento em que a escuta é solicitada pela criança, faça esse primeiro movimento.

Procedimento

- CESSAR SEUS PENSAMENTOS (tentar se certificar de que sua mente/atenção está focada na criança);
- PARAR DE FAZER O QUE ESTAVA FAZENDO.

Se for possível, pare sua atividade no momento ou peça à criança que espere um pouquinho que já poderá ouvi-la (caso não seja possível ouvi-la naquele momento, explique a ela e diga qual será o momento possível que a ouvirá).

- **Atenção**: é preciso cumprir com o que será dito sobre o pedido de espera ou sobre o momento que foi definido para ouvi-la.
- **Detalhe**: o momento que será definido para ouvi-la posteriormente deve ser o mais rápido possível.

- **Segredo**: Vou te contar um segredo motivador sobre o cumprimento do adulto nessas situações em que é necessário pedir alguns minutinhos ou onde é definido um momento posterior. Quando o adulto cumpre (e claro, quando essas situações não são usadas com frequência pelo adulto para postergar a escuta), a criança vai aprendendo a esperar quando é necessário e também passa a se sentir muito valiosa para esse pai/mãe/cuidador. Mas, já vou deixar orientado que essas situações sejam evitadas ao máximo, além de ouvir nossas crianças, elas precisam perceber que estamos interessados em ouvi-las. E você já sabe que quando estamos interessados, damos um jeitinho de conseguir, não é mesmo?

Portanto, aposte na PARADA! E vamos para o próximo movimento.

Quando aprendemos a realmente ouvir nossos filhos (valorizando-os e com interesse), percebemos que o que ouvimos deles pode dizer muito sobre nós também. Quando sabemos receber esse conteúdo, podemos transformar nossa relação com nossos filhos. Quando aprendemos a ouvi-los de forma interessada, descobrimos e discernimos suas necessidades criando boas oportunidades de satisfazê-las.

Movimento 2: olhar para a criança (placa ATENÇÃO)

Parece simples, mas no cotidiano encontramos muitos motivos para nem sequer conseguirmos direcionar nossos olhos aos de nossos filhos. Parece que não é bem assim, não é? Mas pare para reparar o quanto isso é comum no seu dia a dia. A correria está nos engolindo a esse ponto.

Procedimento

Claro que não conseguimos sempre fitar nossos olhos neles, mas a partir do momento em que nos propomos a isso, a exceção passa a ser não olharmos para eles.

- **Atenção**: hoje não temos apenas que enfrentar a falta de tempo de uma rotina frenética, mas também o apego ao celular que nos rouba bastante tempo sem percebermos. Até que tentamos "ouvi-los" enquanto trocamos mensagens de WhatsApp.
- **Detalhe:** quando você é solicitado pela criança e precisar trocar mensagens naquele exato momento, explique que precisa fazer aquilo naquela hora e, assim que terminar, poderá ouvi-la atentamente (olhando para ela).
- **Segredo:** a criança, muitas vezes, preferirá esperar um pouquinho para ser olhada enquanto fala com você. E isso fortelecerá o vínculo dos pais com seus filhos. É um gesto tão pequeno e acaba parecendo insignificante, não é? Mas um pai/mãe/cuidador que procede dessa forma na convivência diária com a criança cultiva uma relação com muitas qualidades envolvidas no processo.

Ouvindo reclamações

Você já reparou que reclamações de nossas crianças soam desagradáveis aos nossos ouvidos? Mas pode ser que não tenha reparado que reclamações soam e podem também ressonar. Sim, ressonam quando aquele conteúdo entra em contato com alguma lembrança pessoal de vivências desagradáveis para nós, pais. Essa lembrança traz sensações desconfortáveis e até memórias que nos causam dor, alterando a capacidade de ouvir, compreender e validar aquela reclamação, fazendo-nos levar o comportamento da criança para o lado pessoal.

Movimento 3: movimentos silenciosos (placa SILÊNCIO)

São dois os movimentos silenciosos que os pais precisam fazer no momento da escuta das reclamações de seus filhos:

- Faça questionamentos para si mesmo quando perceber que essas lembranças foram ativadas.

- Qual será a necessidade emocional da criança por trás daquela queixa?

Nós, adultos, tentamos verbalizar e demonstrar nossas necessidades emocionais de diversas formas e, na maioria das vezes, não somos tão bons nisso, certo? Não é que exista uma maneira certa, mas existem vários caminhos para expressá-las. Nem sempre conseguimos expressá-las. Com isso, não temos nossas necessidades emocionais atendidas.

Com as crianças acontece o mesmo. Mas como possuem poucos recursos ou repertórios para obterem o que precisam, as necessidades não atendidas adequadamente podem gerar consequências mais significativas, pois suas estruturas emocionais e cognitivas estão sendo geradas e moldadas.

Podemos fazer a seguinte análise:

- Observando as expressões faciais e corporais da criança quando se queixa.
- Fazendo perguntas amistosas na tentativa de entender o que realmente está acontecendo.

"Não vou mais pra escola", exclama a criança. Na maioria das vezes, os pais reagem ofendidos e autoritários nesse tipo de situação. Quando proponho que seja analisada a necessidade emocional que está por trás da queixa da criança, é pensar nas possibilidades de algum acontecimento (pensamento que possa estar causando sofrimento ou desconforto sobre o que ela está relatando.

Por exemplo: "O que pode estar acontecendo na escola que está causando desconforto no meu filho?" Então, dirigir perguntas em tom amistoso à criança tentando descobrir o que ocorre ou o que se passa na cabecinha dela para ser tão enfática e negativa sobre continuar indo à escola.

Os pais também podem tentar observar como a criança se expressa naquele relato. Por exemplo: "Quando ela disse que não queria ir mais à escola, ela parecia estar triste? Ela parecia estar brava (com raiva)? Ela parecia estar triste e com raiva? Ou ela demonstrava um pouco de medo também?"

Tentar descobrir como ela está se sentindo e o que está pensando sobre o que ela disse ajudará muito a criança e os pais. Com certeza, aproximará esse pai ou mãe do seu filho.

O educador parental poderá utilizar a seguinte ferramenta.

Rastreio das necessidades emocionais – queixa

O que ela relatou:

____

Qual é a emoção ou o sentimento que ela está tentando comunicar através dessa queixa?

____

Qual é a necessidade emocional dela nesse momento ou nessa situação?

____

Movimento-base: armadilhas e trabalho de conscientização

Vamos atentar aos critérios de prioridade quando avaliarmos se pode ou não ouvir a criança no momento em que é solicitado. O que tem sido feito automaticamente é deixar sempre para depois a escuta por achar que a criança pode e deve esperar.

Logo, a TOMADA DE CONSCIÊNCIA entra como um dos movimentos da escuta. Então, antes de iniciar a realização dos movimentos da escuta, se faz necessário o educador parental conscientizar os pais sobre a importância de ouvir a criança.

Movimento-base: tomada de consciência

Jeffrey Young, escritor e pesquisador sobre estruturas emocionais e cognitivas desadaptativas que se formam precocemente e se consolidam em nossa personalidade, após muitos estudos e pesquisas, traz esclarecimentos sobre as necessidades emocionais não atendidas das crianças.

Young (2008) nos assegura que nem toda resposta emocional, cognitiva ou comportamental é fruto de traumas e maus-tratos na infância. Mas os efeitos de experiências nocivas de situações nas quais a criança passou por necessidades emocionais que não foram supridas suficientemente. Então, suas sensações básicas vão refletir o clima emocional e como foi tratada.

Portanto, não se trata apenas de tentar fazer a criança se sentir bem. Os pais são os maiores responsáveis pela saúde mental da criança e, se houver disposição em atender minimamente as necessidades emocionais, terão filhos mais saudáveis e, com isso, mais felizes. Logo, uma família mais saudável.

A premissa dos movimentos da escuta é: a criança precisa ser ouvida para ser conhecida e atendida. Atender suficientemente as necessidades emocionais da criança trata-se do objetivo desses movimentos. Essa é a nossa direção.

Então, convido você a movimentar-se para chegar lá.

Sugestão – disponibilizar modelo das placas para serem utilizadas pelo educador parental na explanação sobre o passo a passo dos movimentos da escuta.

Referências

ALVES, R. *Escutatória*. c2024. Disponível em: <https://www.caosmose.net/candido/unisinos/textos/escutatoria.htm>. Acesso em: 22 jul. de 2024.

YOUNG, J. E. Y.; KLOSKO, J. S.; WEISHAAR, M. E. *Terapia do esquema: guia de técnicas cognitivo-comportamentais inovadoras*. Porto Alegre: Artmed, 2008.

03

#ATIVISMOAMOROSO

Neste capítulo, trago uma ideia de um ativismo amoroso nas dinâmicas familiares como possibilidade para reparos e sucessos. Ter consciência e agir de modo consciente é fundamental para fugirmos dessa romantização dos relacionamentos que envolvem o amor e que acabam por trazer muita frustração. Além da ideia, claro, trago sugestões de práticas que fazem diferença no fortalecimento dos relacionamentos entre pais, mães e filhos.

ANA LUIZA FERREIRA

Ana Luiza Ferreira

Professora de Inglês pela Universidade do Estado do Rio de Janeiro, especialista em Linguística Aplicada. Experiência de mais de 20 anos em sala de aula como professora, também acumulando outras funções nas instituições como produtora de material acadêmico, coordenadora, treinadora de professores, gerente de filial, aliando atividades pedagógicas e administrativas. Palestrante, empreendedora, escritora e educadora parental pela Parent Coaching Brasil, além de estudiosa de PNL, comunicação não violenta e *mindfulness* e outras ferramentas com olhar sistêmico para a família. Tudo isso aplicado também no seu maior trabalho da vida - ser mãe.

Contatos
analuiza.educacaoparental@gmail.com
Instagram: @analuiza.serfamilia

O amor é como o amor faz. O amor é um ato de vontade – ou seja, uma intenção e uma ação. Também implicará escolha. Nós não temos que amar. Nós escolhemos amar.
M. SCOTT PECK

Afinal, o que é amor?

Eu não sei você, mas durante um bom tempo eu tive medo de não saber amar um filho, de não saber demonstrar o suficiente, de não corresponder. Como boa aquariana, eu tinha pavor de pensar na ideia de ter alguém dependendo de mim para tudo. T-U-D-O. Tudo. Em todos os meus relacionamentos amorosos juvenis e românticos, sempre me orgulhei de dizer que não queria que ninguém estivesse comigo porque precisava, mas sim porque queria.

E como, de repente, eu TERIA que amar uma pessoa sabendo que o meu vínculo com ele começaria a partir da sua necessidade de uma mãe para sua sobrevivência? Então, essa foi durante um bom tempo uma das questões que me fizeram adiar até os 34 a grande certeza da minha vida de que deveria ser mãe.

Certamente, isso tem base em como cresci recebendo muito amor. Mas, como em toda família, com algumas disfuncionalidades "invisíveis" que geraram crenças. Veja que, aqui, falo de duas pessoas que tiveram um casamento de praticamente

45 anos interrompido pela passagem da minha mãe e que levou meu pai menos de 18 meses depois. É dessa dinâmica e desse sistema familiar que nasceram e foram cultivadas muitas crenças. Umas impulsionadoras; tantas outras limitantes. E, assim, funciona em qualquer família.

Uma dessas crenças estava bem ali na minha frente, me amarrando, ecoando – nunca depender de ninguém, nunca depender de ninguém, nunca depender de ninguém. Como conseguiria amar de forma incondicional? Como é esperado de uma "boa" mãe, uma pessoinha que dependeria de mim em tempo integral especialmente nos seus primeiros anos de vida? Muito contraditório, não?

Mas o filho veio. Sonhado, esperado, desejado. Uma gravidez tranquila, assistida, amparada, cercada de conforto e tudo o que precisaria para ter na minha casa um bebê. Só que eu não estava preparada exatamente. Não estava preparada para muitas coisas e muito menos para aquele momento: o encontro.

Quando eu, muito fora de mim por conta da anestesia, fui apresentada oficialmente àquele bebê de olhos bem abertos me olhando lá na alma, só pensava: "Gente, isso é muito doido..." (nada apropriado para um primeiro encontro). E ali acabou a minha ideia desse amor "romântico" – que, na verdade, é muito cruel com nossas relações. Eu sabia que tinha algo de errado nessa história de amor.

Aquilo ali era outra coisa. Aquilo ali era dar sem esperar nada de volta, mas ao mesmo tempo querendo algo de volta – afinal, somos seres relacionais, sociais e queremos construir relações, especialmente com nossos filhotes. Aquilo ali era o amor incondicional que todos esperavam de uma mãe? Aquilo ali era o que, exatamente? Naquele dia, inventei uma história de que "eu te amo" não era suficiente para meu filho. Eu dizia "eu te vivo". Continuo dizendo porque virou nosso código.

Mas, hoje, entendo diferente. Entendo o porquê de eu ter ido buscar o verbo viver e não o substantivo amor.

Isso fez toda a diferença na nossa relação. Quando comecei a entender que esse tal de amor não é um sentir, mas um agir; não é um falar, mas um fazer; não é um romance, mas uma vida espiritual, as coisas começaram a fazer sentido. Comecei a buscar o sentido nas coisas, a intenção no fazer. Hoje sigo trabalhando para divulgar e impulsionar #ativismoamoroso, ou seja, a consciência de que precisamos agir em vez de falar ou se afogar em uma ilusão.

O amor não é romântico. Isso é outra história. Esse desalinhamento sobre o que é amor nos causa dificuldade em amar. Ler o livro da bell hooks, *Tudo sobre o amor: novas perspectivas,* me trouxe muito amparo porque percebi, finalmente, que não era doida, que não estava sozinha, que, sim, outras pessoas acreditavam, pesquisavam, estudavam e falavam sobre uma ética amorosa, um amor ativo.

Esse romantismo que implantaram nas relações amorosas pode ser bem nocivo. Sim, nocivo porque é idealizado, não real. É sonho, é fantasia, é Disney. Não que a Disney não seja incrível, mas não é vida real. E antes que me crucifiquem, o amor real tem um monte de coisas lindas e fofas e cheias de purpurina (biodegradável, claro). Porém, existem diferenças cruciais.

No ativismo amoroso, o que prevalece é o fazer. O quanto você faz imbuída desse sentimento? O que esse sentimento te leva a fazer? A relação com nossos filhos, então, se baseada nesse amor ativo e ético, nos leva a uma prática positiva de educação e criação de filhos. Na verdade, eu nem gosto muito da palavra "criação", porque não estamos criando nada, eles não são nossos pertences. Mas a palavra é usada de maneira comum e bastante clara, o que facilita a comunicação.

Na verdade, o que estamos fazendo é participando do desenvolvimento desses indivíduos. Passados aqueles primeiríssimos anos que dependem de nós para cuidados básicos e sua sobrevivência, esses serezinhos crescerão física e intelectualmente independentemente da nossa vontade. O ponto é: que participação você quer ter nesse caminho? Quer andar ao lado, na frente, atrás, embaixo, em cima? Quer cortar a raiz ou ajudar a florescer? Quer maximizar ou minimizar os potenciais?

E aí está o ponto do amor – escolhemos amar. Escolhemos essa participação. Escolhemos o tipo de mães e pais que seremos. Sim, eu sei que existem muitas questões que podem dificultar mesmo a melhor das intenções. Questões das mais variadas – sociais, financeiras, emocionais... Mas se você estiver consciente dos efeitos de sua presença e participação no desenvolvimento da sua filha, do seu filho, vai buscar o caminho mais positivo e o melhor – saber que existem outros caminhos. Mesmo quando as referências de parentalidade não são exatamente positivas, é encorajador termos consciência de que, como diz no livro *Parentalidade consciente*, do psiquiatra e professor Daniel J. Siegel e da *expert* em infância, Mary Hartzell:

> Nós não somos fadados a repetir os padrões de nossos pais ou de nosso passado. Entender o sentido de nossas vidas nos permite usar as experiências positivas como base, enquanto vamos além das limitações do passado e criamos uma nova maneira de viver para nós mesmos e nossos filhos. (SIEGEL e HARTZELL, 2020.)

O amor ativo e o autoconhecimento

O que vai ditar como será essa participação no desenvolvimento de seus filhos como indivíduos é a relação que criamos com eles. Com cada um deles, respeitando as individualidades.

Para que essa conexão aconteça e seja fortalecida, tem algo fundamental a ser feito: olhar as próprias experiências e referências de infância. Não só olhar, mas refletir lá na data do ocorrido e durante a infância sobre impactos e referenciar no presente – como você trouxe tudo isso até hoje. Esse autoconhecimento vai permitir que você (mais uma vez) escolha de modo consciente o que quer carregar, o que quer ressignificar e o que quer deixar ir de maneira respeitosa de tudo o que recebeu quando criança.

Faça uma viagem no tempo. Faça anotações. Abrace sua criança. Entenda que seus pais deram o que tinham para dar.

A educação parental e o amor

Ainda é algo que muitas pessoas se questionam até que ponto a maternidade (e paternidade) deveria ser exclusivamente exercida de forma intuitiva. O ponto é muito mais profundo do que se imagina, poderíamos discorrer aqui sobre a (des)valorização de funções tipicamente femininas da nossa sociedade patriarcal.

Porém, o questionamento fica aqui sobre estudarmos para todas as nossas "funções" – para escola, para a faculdade, para provas, para ganhar uma promoção, enfim, para tudo, estudamos, nos aprofundamos, queremos aprender, porém, para exercer a função que afirmo sem menor pudor ou medo de errar que é a mais importante de todas, não nos preocupamos e ainda alguns até se ofendem sobre buscar orientação.

Ajudar no desenvolvimento de pequenos seres humanos tem impacto direto na nossa sociedade porque são eles que continuarão. E entender que amar, dizer que ama, entender que ama, não são suficientes. Como venho dizendo aqui, é preciso agir de maneira amorosa e trazer consciência para isso traz luz aos seus atos, às suas escolhas.

Como educadora parental, acompanho famílias. Por diversas vezes, trouxeram questões como "meu filho não reconhece tudo o que faço" ou, ainda, "meu filho não me ama" ou "não consigo me conectar com meu filho". Trabalhamos nesse momento em um processo de trazer para a consciência o que significa esse amor para cada um desse sistema familiar abalado. Uma das atividades que proponho é um diário do amor ativo. Durante uma semana, diariamente, a pessoa que buscou o processo vai ser um observador enquanto participante também para responder a uma série de perguntas, como:

- Seu filho pediu pela sua ajuda hoje? Para quê? Como você se sentiu?
- Seu filho pediu para brincar com ele hoje? Quantas vezes? Como você se sentiu?
- Seu filho te abraçou ou beijou espontaneamente hoje? Quantas vezes? Como você se sentiu?
- Você começou uma conversa com seu filho hoje? Como se sentiu? Como ele interagiu?
- Seu filho começou uma conversa com você hoje? Como se sentiu?
- Você e seu filho fizeram algo juntos hoje? Quantas vezes? Como você se sentiu?

Esse exercício traz a consciência para nossos atos diários além de jogar luz para as próprias experiências como crianças. Ter consciência não nos faz deixar de cometer erros, mas reconhecer de maneira mais rápida nossos deslizes e, mais ainda, retomar ao nosso centro para nos regularmos e participarmos da corregulação de nossos filhos.

O ativismo amoroso na prática com os filhos

Com tudo isso, chegamos a um ponto de entendimento que o amor é um agir com afeto, intenção, buscando o crescimento do outro e o seu também. De forma prática, podemos listar algumas ações que imprimem esse ativismo amoroso nas nossas relações com nossos filhos:

Escuta ativa

Ouvir de verdade seu filho é a primeira ação a ser implementada na dinâmica do seu sistema familiar. Entendemos, aqui, que ouvir não é perguntar "Como foi na escola hoje?" de maneira sistemática e muitas vezes nem dar tempo da resposta ou se irritar com os vagos "legal" e "normal". Exercer uma escuta ativa é mostrar interesse, é prolongar conversas, é respeitar o ritmo, o espaço e a individualidade de cada um. Escutar de modo ativo é registrar aquilo que ouviu ou até além do que foi dito e usar aquilo tudo como um banco de dados sobre seu filho. Isso vai promover conexão e um senso de confiança entre vocês.

Planejar momentos dedicados a cada um de seus filhos

Com a escuta ativa em dia, você consegue reconhecer os gostos do seu filho. E quando a família tem mais de uma criança envolvida, é importante que sejam planejados momentos que atendam a cada um deles e que envolvam a todos. É importante lembrar e deixar bem claro para eles que são todos integrados em um sistema, ainda que cada um seja uma pecinha específica dessa engrenagem.

Conhecer como eles manifestam amor

Existem estudos e livros sobre as linguagens do amor, mas toda criança, independente de como ela mais demonstra esse amor, precisa da presença de qualidade e quantidade também e do toque físico de seus cuidadores básicos. Além dessas expressões de afeto, pela escuta ativa e uma observação amorosa, consegue perceber como seu filho ou sua filha demonstra sentimentos por você, pelos amigos, pelos brinquedos e usar aquela maneira, também, para mostrar a ela ou a ele seus sentimentos. Isso demonstra o quanto você o(a) vê, o(a) reconhece e o(a) valida.

Seja gentil

A educação positiva não é permissiva. Que fique bem claro isso. A educação vivida de maneira positiva apenas entende que erros acontecem e são oportunidades, que deslizes acontecem e podem ser reparados e, o mais importante, que as crianças da relação são os filhos. Eles estão no momento de desenvolvimento físico, emocional e neural, inclusive. A maneira que os pais lidam com os filhos – a maneira que falam, agem, como respondem, o que oferecem – vai ajudá-los a interpretar o mundo e as relações, seja isso bom ou ruim. Por isso, usando a velha máxima do Profeta, não se esqueça de que gentileza gera gentileza. E muito mais. Gera conforto, gera apego, gera confiança. Se for difícil mudar a maneira como trata seu filho quando comete um erro ou esquece algo, faça um exercício e pense: "Como eu reagiria se fosse um adulto em visita na minha casa?"

Riam juntos

São atitudes muito simples que ajudam a montar um quebra-cabeça de muitas referências positivas na vida. O riso traz leveza, desafoga, contagia. Quem nunca começou a rir porque alguém ria alto e gostoso mesmo sem saber do que estava rindo? Quando rimos, liberamos substâncias positivas como a endorfina e a dopamina, que estão relacionados à felicidade e ao prazer, respectivamente. Além de ajudar a diminuir os níveis do cortisol, que, por sua vez, é o conhecido hormônio do estresse.

Fale sobre você

Seu filho precisa saber que você é uma pessoa que tem sua história, seu passado, seus sonhos, seus desejos. Isso o estimula a compartilhar com você sobre ele também, o incentiva a sonhar, a planejar, a entender que, na vida, temos fases e que precisamos vivê-las a seu tempo.

Dê autonomia

Como Maria Montessori, educadora, médica e pedagoga, afirmava: "Nunca faça para seu filho algo que ele sente que pode realizar sozinho". Dar autonomia adequada a cada criança – baseando-se não somente na idade, mas ao que ela apresenta e oferece – é sinal de respeito. Isso não vale apenas para as crianças pequenas. Os adolescentes precisam sentir e muito que seus pais confiam e acreditam neles como indivíduos em desenvolvimento. Desconfianças e questionamentos infundados minam a autoestima das nossas crianças.

Reveja algumas de suas atitudes

Existem algumas "verdades" que passaram por gerações e que uma hora precisam ser desmentidas. Uma delas é a invisibilidade dada aos quereres, sentimentos e pensamentos das crianças. Portanto, antes de fazer alguma "brincadeira" ou "comentário", pense rapidinho se aquilo vai trazer algum constrangimento ou embaraço para seu filho. Além disso, não subestime ou superestime seu filho – ele é como todas as outras crianças e não merece nem ser humilhado nem endeusado. Por fim, evite dizer o que ele deve sentir ou minimizar o que ele estiver sentindo. Isso tudo tem a ver com a escuta ativa. Respeite seu filho, sua filha como um indivíduo. Ah, e nunca, jamais, chantageie seu filho se valendo da hierarquia familiar. Sua criança não precisa ser diminuída para que se estabeleçam lugares nessa dinâmica.

Busque ajuda

Pense: para tudo nessa vida que vamos fazer, estudamos. Para escola, faculdade, emprego, línguas, esportes. Para tudo buscamos ajuda, professores. Mas para exercer o trabalho mais importante de nossas vidas, ah, aí tem que ser instintivo? Intuitivo? Sim, também, como tudo na vida. Mas conhecimentos teóricos, ajuda de profissionais, uma rede de apoio, isso tudo só vem agregar. Busque essa ajuda que vai, antes de mais nada, fortalecer você. Consequentemente, seu filho encontrará um adulto cuidador melhor preparado e pronto para orientar em seu longo e lindo caminho.

Só para finalizar

Lembre-se de que o amor é a mola que pode nos impulsionar a buscar ajuda e orientação para acompanhar, de maneira saudável, o crescimento de nossas crianças.

> *É nossa responsabilidade dar amor às crianças. Quando as amamos, reconhecemos com nossas próprias ações que elas não são propriedades, que têm direito – os quais nós respeitamos e garantimos*
> (Bell Hooks)

Referências

CHAPMAN, G.; CAMPBELL, R. *Linguagens do amor.* 2. ed. São Paulo: Mundo Cristão, 2017.

HOOKS, B. *Tudo sobre o amor: novas perspectivas.* São Paulo: Elefante, 2021.

SIEGEL, D. J.; HARTZELL, M. *Parentalidade consciente.* São Paulo: nVersos Editora, 2020.

04

CUIDAR DE QUEM CUIDA

A jornada de cuidar de uma criança atípica é complexa e pode afetar profundamente não apenas a vida da criança, mas também a dos cuidadores. Neste capítulo, mergulharemos nas profundezas das experiências vividas pelos cuidadores de crianças atípicas, enquanto destacamos o papel crucial desempenhado pelo educador parental.

ANTÓNIA VINTEM ARAÚJO

Antónia Vintem Araújo

Business Information Technology graduada pela London Met (2013), com pós-graduação em Autismo e TDAH (Academia do Autismo, São Paulo). Certificação Internacional Nacional em Educação Parental pela Disciplina Consciente na Saúde da Família (extensão universitária pela Faculdade do Brasil). Certificação em Terapeuta Emocional (Instituto Bem me Quer). *Master Coach* Emocional Humanizado, pelo Mindset Academy. Autora de dois livros publicados e coautora de outros dois. Mentora de mães com filhos autistas, apaixonada pelo desenvolvimento humano, transformando a maternidade atípica.

Contatos
www.antoniavintemaraujo.com
coachantoniaaraujo@gmail.com
Instagram:@coachantoniaraujo
Facebook: antoniaraujo
+0044 74 9659 2379

Nas dobras silenciosas da vida, em que as estrelas dançam ao ritmo dos sonhos adormecidos, há um lugar especial reservado para aqueles que se tornam os guardiões dos corações mais delicados. Esses guardiões não usam capas brilhantes nem brandem espadas reluzentes, mas carregam nos braços o peso dos sonhos não realizados e a esperança queimante de um futuro mais suave. Eles são os educadores parentais, os heróis anônimos que enfrentam os desafios extraordinários de cuidar das crianças atípicas.

Em cada passo dado pelos corredores da vida, os educadores parentais são os pilares invisíveis que sustentam as famílias em suas horas mais sombrias. Eles não são apenas testemunhas das lutas diárias, são os arquitetos da resiliência, moldando a argila frágil da adversidade em monumentos de amor inabalável.

No centro dessa jornada, ergue-se a figura da mãe, cujo coração bate em compasso com o da criança atípica. É nessa figura que vou centrar o texto. Sei que exsitem pais que também cuidam de seus filhos, na ausência das mães, mas aqui gostaria de contar a minha história e a minha jornada como mãe atípica. Sendo assim, o meu texto será voltado para as mães de crianças atípicas. Ela é a guardiã incansável, a alma valente que se comprometeu a abraçar a jornada tumultuosa com um sorriso nos lábios e lágrimas nos olhos. Sacrificando os próprios sonhos no altar da maternidade, ela se torna a encarnação do amor incondicional, um farol de esperança em um mar de incertezas.

No entanto, mesmo os mais fortes precisam de apoio. Os educadores parentais desempenham um papel vital não apenas no desenvolvimento da criança atípica, mas também no cuidado daqueles que cuidam delas. Eles são os guias compassivos que caminham ao lado dos pais, segurando suas mãos quando o fardo parece insuportável e sussurrando palavras de encorajamento quando a escuridão ameaça engolir tudo.

É nas pequenas ações cotidianas que o verdadeiro poder dos educadores parentais se revela. Um sorriso gentil, um ouvido atento, um ombro amigo – são esses gestos simples que sustentam os cuidadores em suas horas mais difíceis. Embora possam parecer insignificantes aos olhos do mundo, são essas pequenas luzes de bondade que iluminam os caminhos mais escuros e mostram que ninguém está sozinho nesta jornada.

À medida que navegamos pelas águas turbulentas da maternidade e da paternidade de uma criança atípica, lembramos sempre do papel vital dos educadores parentais. Eles não são apenas professores, terapeutas ou conselheiros – são os guardiões da esperança, os artesãos da resiliência e os heróis silenciosos que transformam os sonhos em realidade.

Neste capítulo, exploraremos o papel crucial dos educadores parentais no apoio, sobretudo emocional, dos cuidadores de crianças atípicas, reconhecendo renúncias, oferecendo orientação e encorajamento ao longo de sua jornada...

Recebendo o diagnóstico

Doutor: "Senhor e senhora Mendes, gostaria de conversar com vocês sobre os resultados dos testes realizados em seu bebê".

Pai: "O que há de errado com nosso filho, doutor? Por que tantos testes?"

Doutor: "Entendo que isso possa ser difícil de aceitar, mas os resultados mostram que seu filho tem características que se enquadram dentro do espectro de uma condição atípica".

Pai: "O que você quer dizer com 'atípico'? O que há de errado com meu filho?"

Doutor: "Seu filho apresenta sinais de desenvolvimento que diferem do que consideramos típico para a idade. Isso pode envolver dificuldades na comunicação, interação social e possivelmente padrões de comportamento repetitivos".

Pai: "Não pode ser verdade. Ele é nosso filho, como pode ser 'atípico'? Nós fizemos tudo certo".

Mãe: (colocando a mão no ombro do pai) "Querido, precisamos nos acalmar e ouvir o doutor".

Pai: (com raiva) "Como posso me acalmar quando tudo o que planejamos, tudo o que esperamos, está desmoronando? Isso não faz sentido. Ele é meu filho!"

Doutor: "Entendo sua angústia. É normal sentir-se assim diante de uma notícia tão impactante. Mas é importante que saibam que o amor e o apoio de vocês são fundamentais para o desenvolvimento e o bem-estar do seu filho, independentemente de qualquer diagnóstico".

Pai: (emocionado) "Eu... Eu só queria que ele tivesse uma vida normal, que pudesse fazer tudo o que os outros fazem".

Doutor: "Seu filho é único, e embora possa enfrentar desafios diferentes, ele ainda é seu precioso filho, e há muitas maneiras de apoiá-lo em sua jornada. Estou aqui para ajudá-los em cada passo do caminho".

Diante da situação emocionalmente carregada que os pais enfrentam ao receber o diagnóstico de seu filho, o educador parental desempenha um papel crucial como um guia compassivo e um apoio emocional para a família, especialmente nesse momento de turbulência emocional.

Primeiramente, é essencial reconhecer a reação inicial dos pais: o choque, a negação e a raiva. O educador parental deve compreender profundamente a intensidade dessas emoções, oferecendo um espaço seguro e acolhedor para que os pais expressem preocupações e medos sem julgamentos. Ao validar esses sentimentos, o educador parental estabelece uma base de confiança e empatia, permitindo que os pais se abram para receber apoio.

Em particular, a mãe, que muitas vezes se torna o principal cuidador e fonte de apoio emocional para a criança, pode sentir um peso ainda maior diante da notícia. O educador parental deve se concentrar em fortalecer o vínculo entre mãe e filho, oferecendo suporte prático e emocional para que ela possa lidar com os próprios sentimentos de desamparo e incerteza.

Ao destacar a importância do amor e do apoio dos pais no desenvolvimento da criança, o educador parental reforça a ideia de que o filho é amado e valorizado, independentemente de qualquer diagnóstico. É fundamental transmitir a mensagem de que a jornada da paternidade pode ser diferente do esperado, mas ainda assim significativa e gratificante.

Além disso, o educador parental desempenha um papel vital ao oferecer recursos e orientações práticas para ajudar os pais a navegar pelos desafios que podem surgir. Isso pode incluir encaminhamentos para serviços de apoio, grupos de apoio de pais, terapias especializadas e estratégias de manejo de estresse.

Em resumo, o educador parental atua como um farol de esperança e apoio, guiando os pais pelas ondas turbulentas de emoção e incerteza. Ao oferecer compaixão, orientação e recursos práticos, ele capacita os pais a enfrentar os desafios com coragem e resiliência, enquanto nutrem o vínculo precioso entre mãe e filho.

A maré da sociedade

O educador parental desempenha um papel crucial no apoio aos cuidadores de crianças atípicas, especialmente diante do estigma social que enfrentam. Ao oferecer um ambiente seguro para compartilhar emoções e experiências, ajuda os cuidadores a lidar com o estigma social e se sentirem compreendidos. Além disso, promove a conscientização e a educação por meio de workshops e grupos de discussão, desafiando mitos e estereótipos. Esse apoio não se limita apenas às mães, mas também se estende à família, incluindo avós, fortalecendo os laços familiares. Além disso, capacita as crianças atípicas, fornecendo recursos e estratégias para desenvolverem habilidades sociais e emocionais, permitindo que naveguem pelo mundo com confiança e independência.

O educador parental pode desempenhar um papel vital ao capacitar as crianças atípicas para se tornarem cuidadoras de si mesmas e de outras pessoas. Isso pode envolver o fornecimento de recursos e estratégias para ajudá-las a desenvolverem habilidades sociais, emocionais e de autogestão, capacitando-as a navegar pelo mundo de maneira independente e confiante.

Quando não há compreensão

O cuidador de uma criança atípica enfrenta uma série de desafios emocionais, físicos e sociais que podem ser difíceis para a mãe, principalmente quando ela não é compreendida pela família, em especial pelo pai da criança. Aqui estão algumas das possíveis dificuldades que ela pode enfrentar.

Estresse emocional: lidar com o diagnóstico de uma criança atípica pode ser avassalador emocionalmente para a mãe. Ela pode passar por sentimentos de tristeza, culpa, raiva e ansiedade enquanto tenta entender e aceitar a situação.

Isolamento social: muitas vezes, a mãe pode se sentir isolada e incompreendida pela família e amigos, especialmente se eles não entenderem completamente as necessidades especiais da criança. Isso pode levar a sentimentos de solidão e desamparo.

Pressão do cuidado integral: a mãe muitas vezes se vê sobrecarregada com a responsabilidade de cuidar da criança atípica em tempo integral, o que pode afetar sua saúde física e emocional. Ela pode enfrentar falta de sono, exaustão física e mental, e até mesmo negligenciar as próprias necessidades de autocuidado.

Conflitos familiares: se o pai da criança atípica não compreende totalmente a situação ou tem dificuldade em lidar com o diagnóstico, isso pode levar a conflitos familiares e tensões no relacionamento. A falta de apoio emocional e prático do parceiro pode aumentar ainda mais o estresse da mãe.

Preocupações financeiras: a importância do educador parental é evidente quando se trata das preocupações financeiras enfrentadas pelas famílias de crianças atípicas. Com despesas extras relacionadas a terapias e necessidades específicas, especialmente quando a mãe é a principal provedora de cuidados, a pressão financeira pode ser avassaladora. O educador parental desempenha papel crucial oferecendo apoio emocional à mãe, orientação prática para lidar com o estresse e promovendo a conscientização da família, incluindo o pai, sobre as necessidades especiais da criança. Essa intervenção não apenas ajuda a reduzir conflitos familiares, mas também cria um ambiente de apoio e aceitação para a mãe e a criança atípica.

O alento da compreensão

Os educadores parentais desempenham um papel crucial no apoio às mães atípicas e, consequentemente, no cuidado com os filhos. Aqui estão algumas maneiras pelas quais eles podem ajudar.

- **Informação e empoderamento:** capacita as mães atípicas com informações precisas sobre o desenvolvimento de seus filhos e estratégias de manejo, permitindo-lhes tomar decisões informadas.
- **Suporte emocional:** cria um ambiente de apoio emocional em que as mães se sintam ouvidas e respeitadas, fortalecendo a resiliência emocional na jornada da parentalidade atípica.
- **Desenvolvimento parental:** oferece orientação e treinamento em habilidades parentais específicas para lidar com as necessidades únicas de crianças atípicas, promovendo a confiança das mães em seu papel de cuidadoras.
- **Cultivo de empatia:** promove a empatia e a compreensão dentro da família e da comunidade para reduzir o estigma em torno da parentalidade atípica e fornecer um apoio mais robusto.
- **Advocacia e suporte:** age como defensores das mães atípicas, garantindo acesso a serviços e recursos adequados, ajudando na navegação dos sistemas de saúde, educação e serviços sociais.

O impacto direto desse apoio na vida das mães atípicas é significativo. Quando as mães se sentem apoiadas, capacitadas e compreendidas, elas são mais capazes de enfrentar os desafios da parentalidade atípica com confiança e resiliência. Isso, por sua vez, pode levar a um ambiente familiar mais harmonioso e favorável ao desenvolvimento saudável e feliz das crianças atípicas.

Quem cuida também precisa ser cuidado

Uma jornada esquecida

Meu filho foi diagnosticado com autismo e TDAH. No dia do diagnóstico, meu filho foi encaminhado para vários profissionais como fonoaudióloga, terapeuta ocupacional, psicólogo etc... Nenhum encaminhamento foi feito para mim.

Durante a jornada na estrada do autismo, percebi que o cuidador é esquecido e todo cuidador merece ser cuidado. Foram meses e anos de incertezas, insegurancas, depressão, angústia, lutas internas, sentimento de culpa, solidão e de abandono. Quando se perde um ente querido, recebemos abraços, telefonemas de consolo, palavras meigas etc.

Mas, ao receber um diagnóstico, o que uma mãe atípica recebe, muitas vezes, são críticas, olhares tortos, desprezo de familiares e da sociedade. Ela passa a ser julgada constantemente.

A mãe atípica que também se torna cuidadora, muitas vezes, não recebe um telefonema de consolo, um abraço amigo ou qualquer tipo de apoio. Podemos dizer que, de certa maneira, quando esses familiares recebem um diagnóstico, seja do autismo, TDAH, síndrome de Down ou outro transtorno neurológico, também passa pela fase do luto, porque essa mãe/pai perdeu o filho sonhado, o filho que idealizou durante a gestação.

Às vezes, o que esse cuidador precisa é apenas de um apoio moral, "colo", precisa e quer alguém para lhe dizer: "Vai ficar tudo bem" e "Eu estou aqui para te apoiar". Gostaríamos de ouvir de familiares e amigos: "Não se preocupe, vamos caminhar juntas e aprender em conjunto o que é esse diagnóstico e como seguir adiante".

Por falta de conhecimento sobre o diagnóstico e orientação profissional, muitas vezes me senti como um relógio com cabos a mais, o cabo que me ligava a todos esses compromissos pronto a arrebentar se alguém exercesse o mínimo de pressão extra sobre ele. Acordava de madrugada e meu cérebro entrava em ação, fazendo listas intermináveis de todas as coisas que tinha de fazer quando o dia finalmente amanhecesse. Eventos que deveriam ser um prazer, como me encontrar com amigos, tornaram-se uma tarefa árdua; meu coração afundava-se sempre que o telefone tocava. Tudo era apenas mais um item a acrescentar à minha lista de tarefas.

Estava sobrecarregada, as minhas baterias estavam completamente descarregadas, minha energia já não dava vida a elas. De novo, por falta de conhecimento, minha filha de 11 anos tornou-se uma jovem cuidadora do seu irmão para que conseguisse concluir algumas das tarefas infinitas.

Após o diagnóstico do meu filho, decidi escrever o guia que gostaria que alguém me tivesse dado todos esses anos, quando finalmente percebi que havia um nome para o que eu estava a passar.

Não há duas cuidadoras que se preocupam ou vivem a mesma situação e, no entanto, aquilo de que todos nós precisamos é muito semelhante: conselhos sobre os serviços disponíveis e como contatá-los; orientações sobre finanças, casas de acolhimento; apoio para lidar com sentimentos difíceis que aumentam a nossa carga e para lidar com relações alteradas pelo nosso papel de cuidador. Talvez até um pouco de reconhecimento.

Queria que o guia oferecesse aos cuidadores, como eu e você, tudo o que eu não sabia. Quero que todos os profissionais comecem a olhar para os prestadores de cuidados como a peça mais importante do quebra-cabeça.

Quem me dera ter percebido mais cedo que era uma prestadora de cuidados. Quando percebi, já o fazia há décadas sem qualquer autoconsciência ou autocuidado. Se tivesse sabido mais cedo, teria procurado aconselhamento e compreendido que precisava ter um ouvido compreensivo para desabafar minhas frustrações (Michele).

Se seu filho tem necessidades especiais, se é você que faz as compras ou a jardinagem de um familiar, se seu parceiro sofre de períodos de depressão que não sobreviveriam sem seu apoio, se seu parceiro está em um lar e é você que o visita três vezes por semana e faz a ligação com os profissionais, se a mãe solteira não consegue aguentar-se sozinha e você ajuda a criar seus irmãos e irmãs, então é um prestador de cuidados.

Referências

GOLEMAN, D. *Inteligência emocional: a teoria revolucionária que define o que é ser inteligente.* Rio de Janeiro: Objetiva, 2012.

KABAT-ZINN, J. *Full catastrophe living: using the wisdom of your body and mind to face stress, pain, and illness.* Bantam, 2013.

McCARTNEY, J. *Louder than words: a mother's journey in healing autism.* Penguin Publishing Group, 2008.

05

CAMINHOS DA AUTODESCOBERTA

AVALIANDO NECESSIDADES E DINÂMICAS PESSOAIS

Há momentos em que nos deparamos com situações tão complexas que não sabemos qual a melhor decisão tomar. É muito simples empurrar os problemas para outro momento. Contudo, uma hora temos que tomar as rédeas do que realmente desejamos viver. Somente com uma autoavaliação das maiores necessidades podemos discernir, com eficiência, qual a melhor solução para o grande problema a ser enfrentado.

ARACELES BICALHO FELIX

Araceles Bicalho Felix

Graduada em Direito pela Faculdade de Direito de Cachoeiro de Itapemirim (2005); pós-graduada em Direito Civil (2006); pós-graduada em Direito Constitucional - Direitos Humanos (2009); especialização na Escola da Magistratura (2010); servidora pública aprovada no concurso para Analista Processual - Especialidade Direito (2013); especialização em comunicação não violenta, empatia e cooperação (2023). E a maior profissão vive todos os dias com seus três filhos.

Contatos
aracelesbicalhofelix@hotmail.com
Instagram: @aracelesbf
Facebook: aracelesbicalho

Compreender as necessidades das outras pessoas não significa que você deva desistir de suas próprias necessidades.
MARSHALL ROSENBERG

Quando me propus a escrever sobre autoavaliação de necessidades, fiquei alguns dias pensando como exatamente poderia colocar tudo o que seria de fato necessário e eficiente no papel.

Confesso que não foi uma tarefa fácil, já que avaliar uma necessidade depende muito do contexto em que se demonstra a identificação dessa "necessidade". E, claro, como não ser superficial e ao mesmo tempo repetitiva?

Olhando para trás e analisando tudo o que tenho vivido e estou vivendo, sei que muitas famílias passam pelas mesmas coisas que vivo. Assim, quero pedir licença para registrar um pouquinho da minha experiência enquanto profissional, pessoa e ser humano que sofre com dúvidas e que necessita de várias avaliações internas e externas para prosseguir sempre.

Espero que este capítulo possa te ajudar ou pelo menos iluminar uma avaliação, uma análise profunda de como está sua vida enquanto mulher, profissional, mãe, esposa e filha amada do Criador. Com isso, além de te auxiliar, você também possa ajudar a sua família, principalmente seus filhos.

Uma avaliação pessoal

Há uns oito anos mais ou menos, deparei com uma doença que me obrigou a fazer essa avaliação da pior maneira possível, com mudanças físicas, emocionais, estruturais e financeiras.

Quando paro para pensar que poderia estar cega, sem ter visto o rostinho de meu filho crescer e sem saber como seriam os dos meus outros dois filhos, é algo inimaginável.

Mas tive que me conhecer internamente para passar a enxergar quem eu realmente era enquanto ser humano e qual seria meu propósito aqui nesta passagem. E somente com essa avaliação interna consegui passar a ter mais clareza, a entender e analisar o ambiente e as necessidades de meus filhos e de minha família.

Fazer uma avaliação interna por muitas vezes é difícil, pois o conformismo e o comodismo nos impedem de visualizar com clareza a certa distância dos problemas e das dificuldades que enfrentamos.

Contudo, a duras penas, em um dia de muita falta de perspectiva, dor e vários questionamentos, foi possível chegar a uma conclusão dessa avaliação.

Mas, Araceles, como fazer essa avaliação? Certamente, com perguntas e questionamentos certos. E, claro, também respondendo de maneira sincera, tendo um olhar de fora como se fosse um "terceiro" diante do questionamento a ser enfrentado.

Mas, e você, como ter acesso a essas perguntas? Deixo aqui uma lista das principais perguntas que fiz e quais pode adequar à sua realidade. No lugar (fato), você vai colocar seu maior problema que enfrenta hoje.

- Por que (este fato) ocorreu em minha vida?
- O que tenho que aprender com este (fato)?
- O que posso tirar de ensinamento (deste fato) que está acontecendo?
- Como posso ser grata por esse (fato)?
- Como posso ajudar alguém com o que está acontecendo comigo?

Lógico que relatei o contexto que vivi durante uns três anos: o da doença. Mas você é que vai fazer a autoanálise. E podem ser várias outras perguntas sobre cada setor da sua vida: O que quero mudar? O que quero melhorar? Qual relacionamento está defasado ou em crise? Meus filhos, como estão? Como será o futuro deles enquanto seres humanos? Estou fazendo certo de acordo com os valores em que acredito? Essa é uma técnica que uso até hoje para ir ajustando as circunstâncias que a vida vai me proporcionando.

Outra técnica que usei e que me ajudou muito foi elaborar uma lista de frases afirmativas durante uma sequência de dias. Tudo que ouvia ou lia que tocava meu coração anotava em uma folha A4 rosa. E repetia essas frases todos os dias antes de minhas orações matinais.

Nesta folha, coloquei minhas metas até 2025 de longo, médio e curto prazo. Na época, datei como 15/03/2020, e li fielmente todos os dias mentalizando aquelas frases até 15/03/2021, sempre acrescentando o que achava necessário.

Hoje, em pleno 2024, olho para as metas que já não são mais sonhos e objetivos, porque mudaram, mas ter um plano definido, organizado e mentalizado todos os dias me ajudou a superar as dificuldades momentâneas. Como é bom ter esse novo olhar, essa nova visão de que venci e superei!

Foi fácil? Óbvio que não foi. Mas nós, mulheres, profissionais, mães e zeladoras por nossa casa, somos mais fortes e corajosas do que imaginamos. Com a ajuda e as técnicas certas, podemos não só ajudar os outros, mas principalmente nos ajudar primeiro.

Vou deixar uma cópia dessa folhinha de A4 para que possa fazer a sua, com frases, metas e sonhos que façam sentido para você.

E aí pude perceber a importância de ter criado gatilhos mentais valiosos, que me ajudaram a passar pelo processo de cura e de melhoria durante todo o tratamento da doença de Graves[1].

Lógico que aqui conto a minha experiência, e você identificará quais são suas necessidades de acordo com o contexto que vive. Por isso, quando faço minhas mentorias, estas são personalíssimas, destinadas exclusivamente a cada pessoa.

Como fazer uma análise de minhas necessidades no contexto em que estou vivendo

Avaliar nossas necessidades nem sempre é fácil, mas descobri que é fundamental para promover o bem-estar e a harmonia internos. Somente quando estamos cheios, repletos de tranquilidade, realização e paz, podemos transferir ao outro os mesmos sentimentos.

Aqui estão algumas considerações importantes sobre como identificar essas necessidades.

Observação: saiba destinar um tempo de seu dia para analisar o que está sentindo, respire mais vezes de maneira pausada para que seu corpo diga o que ele precisa. O nosso

1 A doença de Graves, também conhecida como doença de Basedow-Graves, é uma doença autoimune que afeta a glândula tireoide, resultando na produção excessiva de hormônios tireoidianos. Sendo a causa mais comum de hipertireoidismo, ela provoca sintomas como aumento da frequência cardíaca, fadiga, tremores nas mãos e perda de peso não intencional.

corpo fala. E se não damos ouvido a ele, vem a reclamação e, consequentemente, a doença. Observe. Faça um treino todas as manhãs, levante um pouquinho mais cedo para sentir mais seu corpo, seus pés, suas mãos, seu cabelo. Tenho certeza de que você vai identificar várias necessidades dele não atendidas. Às vezes uma dor de cabeça é falta de água. Ler seu corpo, sua vida e seus sentimentos fará toda a diferença em sua jornada.

Comunicação: a comunicação aberta e honesta é essencial para todos os integrantes da família. Cada membro deve se sentir à vontade para expressar suas necessidades, preocupações e sentimentos, mas principalmente você deve se sentir segura e ouvida assim como em muitos momentos ouve as pessoas com atenção, carinho, respeito. Que isso possa também fazer parte do seu dia a dia. Muitas vezes deixamos de falar o que estamos sentindo para não haver briga, discussão, mal-entendidos. Precisamos desse cuidado conosco, em alguns momentos só queremos ser ouvidas(os). Encontre alguém para ouvir você, as soluções vão aparecer.

Rotinas e responsabilidades: avalie como as tarefas domésticas, cuidados com os filhos, trabalho e outras responsabilidades são distribuídas entre os membros da família e você. Como tem sido o tempo de dedicação com as coisas que gosta? Tem sobrado momentos de relaxamento, leituras e cuidado com a sua pessoa? Ou tem se ocupado tanto que nem se lembra de disponibilizar momentos do dia para você? É importante cuidarmos da casa, das funções do trabalho, dos filhos, mas também deixarmos um tempo para nós.

Tempo de qualidade: você tem dedicado um tempo para fazer algo que gosta? Só você, sozinha(o), sem ninguém por perto. Passei a perceber que quase não fazia algo por mim, coisas simples: unha, cabelo, não comprova roupas, não me olhava no espelho direito, me sentia feia, mesmo sendo bonita. Só depois, ficando muito feia (cheguei a ficar com visão dupla e o olho extremamente torto), aprendi que deveria ter um olhar diferente para mim, de dentro para fora. Então, delimite um tempo para você de autocuidado, de melhoria interna, de leitura, de fazer realmente algo que faça sentido para você, enquanto pessoa maravilhosa que sei que é.

Respeito e empatia: promova o respeito mútuo e a empatia consigo mesma(o). Todos nós temos necessidades, entenda de qual necessidade precisa hoje. Pode ser que não identifique imediatamente, mas treine para você, assim como fazemos para os outros. Jamais permita que um *sim* para o outro, seja um *não* para você. Respeite suas vontades e tenha empatia, olhe com bons olhos seus sonhos e desejos mais profundos.

Trouxe aqui uma lista de necessidades que precisamos investigar dentro do contexto pessoal, para que possamos treinar identificar a real necessidade do que está passando hoje.

Essa lista é um compilado, revisado pelo Instituto CNV Brasil, das listas de distintos autores da CNV, incluindo Marshall Rosenberg.

- HONESTIDADE
- AUTENTICIDADE
- INTEGRIDADE
- PRESENÇA
- AUTONOMIA
- ESCOLHA
- LIBERDADE
- ESPAÇO
- ESPONTANEIDADE
- EXPRESSÃO
- SIGNIFICADO
- COMPREENSÃO
- CELEBRAÇÃO
- CLAREZA
- CONTRIBUIÇÃO
- SENTIDO
- LUTO
- INSPIRAÇÃO
- REALIZAÇÃO
- EVOLUÇÃO
- ESPERANÇA
- APRENDIZADO
- DESAFIO
- DESCOBERTA
- CRIATIVIDADE
- VALORIZAÇÃO
- CRESCIMENTO

- CONEXÃO
- EMPATIA
- ACEITAÇÃO
- PERTENCIMENTO
- COOPERAÇÃO
- COMUNICAÇÃO
- INTERDEPENDÊNCIA
- COMPROMETIMENTO
- COERÊNCIA
- RECONHECIMENTO
- RESPEITO
- SEGURANÇA
- ESTABILIDADE
- APOIO
- SUPORTE
- AFETO
- CONFORTO
- CONFIANÇA
- SUSTENTABILIDADE
- PROTEÇÃO
- PAZ
- BELEZA
- COMUNHÃO
- BEM-ESTAR
- EQUIDADE
- HARMONIA
- INSPIRAÇÃO

- ORDEM
- EXPRESSÃO ESPIRITUAL
- LAZER
- DIVERSÃO
- HUMOR
- FACILIDADE
- VARIEDADE
- AR
- ÁGUA
- ALIMENTO
- MOVIMENTO
- DESCANSO/SONO
- EXPRESSÃO SEXUAL
- ABRIGO
- TOQUE
- SAÚDE

Lembre-se de que cada pessoa é única e que você também tem vontades, desejos, necessidades nem sempre atendidas, e ninguém jamais poderá ajudar outra pessoa se não estiver cheia do que pode passar. Esteja aberta(o) ao autocuidado, a mudanças que podem ocorrer – e está tudo bem, faz parte da nossa constante evolução como pessoa.

Como uma avaliação pessoal pode ser importante para tomada de decisões futuras

Quando relatei que meus sonhos/metas/objetivos no meu papel A4 rosa mudaram, não foi em vão. Peço licença mais uma vez para trazer um assunto pessoal e, se de algum modo conseguir deixar aqui um pouco mais de leveza, já estarei muito feliz.

Meu maior sonho era ser magistrada. Mesmo antes de terminar o curso, já sonhava em ser juíza. Todas as minhas decisões giravam ao redor desse sonho, todos os cursos que fazia direcionavam a esse objetivo.

Depois da faculdade, enfrentei muitos desafios para o estudo. Em 2005, não tínhamos as facilidades de hoje (internet, livros, cursos on-line... Tudo era presencial). Para uma garota que morava no interior, as chances eram mínimas. Mas não desisti fácil. Após alguns anos de muito estudo errado, resolvi ir para a capital. Foi uma decisão muito difícil, mas lembro que foi a mais acertada. Nesse meio tempo, estudei muito. Dedicava quase quatorze horas por dia só no estudo, cansativo, mas estava feliz buscando a realização daquele sonho de criança.

Mas, Araceles, por que está me contando tudo isso? Já chego lá.

Acabei passando no concurso como analista do Ministério Público de Minas Gerais. Cidade nova, tudo novo, novas experiências. Como já conhecia meu marido, casamos, tivemos nosso primeiro filho, Benjamim. E agora? Como vou continuar estudando? Mesmo assim, dedicava-me ao sonho.

Até que veio a ideia de fazer as metas e colocar todas no papel. Aquele papelzinho rosa que escrito estava "até 2025, ser juíza de direito de MG, em Manhuaçu, na 2ª vara civil, no lugar do juiz que se aposentará". Todavia, esse projeto não aconteceu, nem desejo mais que se concretize. Por que, Araceles? Exatamente por causa da autoavaliação que realizei.

A primeira pergunta foi: "Por que quero ser juíza?". Cheguei à resposta mais sincera que poderia encontrar. Como sempre gostei muito de ajudar as pessoas, nessa função poderia ajudar muitas pessoas na área da família, com divórcios, separações, cuidados com as crianças.

Além dessa pergunta, acrescentei:

- "O que mais essa função vai me proporcionar?". Poder, respeito, autoridade. Isso mesmo, foi difícil chegar a essa conclusão, mas temos que ter muita sinceridade, especialmente conosco.

"O salário que vou receber posso adquirir em outra profissão?". Consigo em outras profissões também, até mais, pois não haverá teto constitucional a seguir.

- "Quer ter limitação de ir e vir, dar satisfação a todos do que tem que fazer ou não, seu marido tirando férias e você participando de escala?". Descobri que queria muito liberdade, pois ter liberdade não é fazer nada, e sim não ter que fazer algo que não deseja.

Foi assim que decidi mudar a rota. O que antes era uma verdade muito firme em minha vida deixou de ser, e passei a me enxergar melhor, percebendo que posso além do que um dia sonhei. Essa foi a transformação que passei. Às vezes, você também precisa da sua, para encontrar sentido e felicidade no processo de reencontro.

Foram vários os pensamentos, as avaliações pessoais, as transformações físicas, emocionais e espirituais que vivi, e que agregam a uma nova Araceles, muito mais feliz, realizada, contente com a vida e com as decisões que tomou, sem sentir culpa por deixar seus filhos, fazer a unha ou arrumar o cabelo em uma tarde de folga no trabalho, pois sei que o melhor ainda está por vir.

Quando penso que aquele sonho que tive de ser juíza foi transformado em garra e determinação para ajudar outras pessoas, independentemente da função que exerço, me sinto mais leve, pois sei que estarei cumprindo o desejo não só do meu coração, mas da minha alma enquanto ser humano de passagem aqui na Terra.

06

AVALIANDO DINÂMICAS E NECESSIDADES DAS FAMÍLIAS

Neste capítulo, analisaremos dinâmicas e necessidades das famílias sob a ótica de seus integrantes, relacionando ao que a prática profissional nos revela. Ao identificar e reconhecer essas demandas, ficamos mais próximos de uma parentalidade consciente e responsável.

CARLA ZAUPA ZAFALON

Carla Zaupa Zafalon

Apaixonada pela parentalidade, casada há 17 anos, mãe da Isabella, Camila (*in memoriam*) e do Enzo. Psicóloga clínica há mais de 12 anos, com atendimentos de crianças, adolescentes, adultos e orientação familiar. Pós-graduada em Desenvolvimento e Orientação da Família (FTSA), especialista em Terapia Cognitivo-comportamental na Infância e Adolescência (CTC VEDA SP). Acredita e busca propagar uma parentalidade mais consciente, leve e afetuosa, e com limites.

Contatos
cmzzafalon@hotmail.com
Instagram: carlazaupa.psico

A família é, desde os primórdios, o início da concepção de vida do ser humano. Com as mais variadas definições, configurações e formatações, ela vem passando por fortes mudanças estruturais e ambientais. É inquestionável a influência e o impacto dela exercido sobre o indivíduo. Por tamanha importância, a família se torna objeto de estudo constante.

Para sua análise, e devido ao seu funcionamento, faz-se necessário considerar a família como uma entidade formada por pequenas partes que interagem entre si. Buscando entendimento dos comportamentos nas relações familiares, precisamos observar essas interações e as características da família como uma unidade, que, por sua vez, é uma parte integrante na sociedade.

São unidades que formam subsistemas, inseridos em sistemas distintos e interligados. Para melhor entendimento, segue a ilustração:

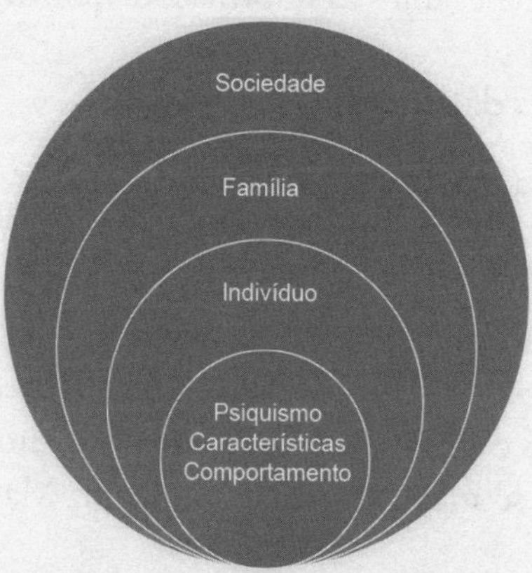

Para falarmos sobre as necessidades e dinâmicas familiares, é imprescindível considerar as diferenças culturais, religiosas, entre outras. Pois aquilo que é indispensável em uma família na América do Sul, muitas vezes é irrelevante na família que habita na Ásia, por exemplo. E paralelamente, algumas necessidades são as mesmas em qualquer lugar do mundo.

Na prática

Atendendo as mais variadas famílias há mais de 12 anos, posso concluir que todas possuem pontos em comum:

- O desejo de ser e constituir parte integrante da continuidade de um nome ou raça.
- A necessidade do apego seguro, lugar de amor e proteção.
- A necessidade de encontrar seu lugar no mundo.
- A necessidade de ser acolhido e aceito pela família de origem.
- A reprodução inconsciente de padrões ou tradições recebidas, mesmo que lhe sejam prejudiciais.
- A dificuldade e a resistência em mudar, fazer ou ser diferente.

Para levantamento de dados do presente capítulo, foi realizada uma pesquisa on-line, por meio de um formulário anônimo, em um período de 15 dias do mês de janeiro de 2024. Diante das 107 respostas recebidas, sendo 49% dos respondentes entre 39 e 50 anos, chegamos às informações que virão a seguir.

As dinâmicas das famílias

No que diz respeito ao tipo de educação existente na família, 39,3% responderam conservadora e 42,1% definiram-se como respeitosa. Mesmo que na prática nem sempre seja dessa maneira, felizmente esses números nos fazem pensar que a educação respeitosa seja minimamente reconhecida como um ideal a ser buscado.

Dentre pais e filhos que buscam atendimento psicoterapêutico, enxerga-se mais eficácia nessa busca. Mas também nos deparamos com as dificuldades enfrentadas em tentar mudar a educação recebida. Algumas vezes, o indivíduo é visto como "ovelha negra" por querer fazer algo diferente, como a escolha profissional, por exemplo.

Tendo em vista a demanda profissional dos pais e a rotina escolar dos filhos, a ausência de um dos integrantes, ou pelo curto tempo disponível, a hora da refeição tem sido um grande desafio para as famílias. Dentre os respondentes, 41,1% conseguem fazer 2 (duas) refeições diárias com a família.

Especialmente nas famílias que têm filhos, as práticas ou momentos do brincar são extremamente valiosos para as relações. E aos casais sem filhos, também proporciona leveza e bom humor na relação.

Na pesquisa, 28 % não brincam nada ou brincam pouco com os filhos ou entre si. A frase "O brincar é uma dificuldade minha, não consigo brincar com meu filho", infelizmente, é bastante reproduzida nos consultórios. Tornou-se um desafio grandioso o brincar longe das telas ou sem tecnologia. E justamente pelo impacto gerado, essa deve ser sempre uma incansável busca dos pais.

Com os filhos pequenos, é fácil explorar o lúdico. Com os adolescentes, é necessário mais engajamento e empenho dos pais, porque a tecnologia os sequestra o tempo todo. E quão desafiador é competir com a velocidade e a atratividade delas. Aliás, essa é a grande questão dos tempos atuais.

Na pesquisa, a pergunta "Quanto tempo do seu dia você consegue interagir **sem uso da tecnologia** com alguém da sua família (pai, mãe ou filhos)", os dois maiores índices de respostas foram: no momento das refeições (19,6%) e 2 horas por dia (15,9%).

Dentre o que é experimentado e que traga benefícios às famílias, destacaram-se as viagens em família, os jogos, as brincadeiras e as práticas religiosas.

Como psicóloga e orientadora parental, sempre recomendo práticas lúdicas entre pais e filhos. Adaptando as brincadeiras à faixa etária, os resultados são percebidos. Pais que brincam com seus filhos têm sua autoridade reconhecida por eles mais facilmente do que os que não o fazem.

E, claro, o lúdico talvez seja uma das melhores maneiras de estabelecer e fortalecer vínculos entre os integrantes da família. Nesse aspecto, estão incluídas as práticas esportivas, culturais, literárias. Em todas elas, são geradas excelentes oportunidades de diálogos e compartilhamentos significativos na vida famíliar.

As necessidades das famílias

Diante de tantas demandas, novas configurações e particularidades, sempre é conveniente levantar as principais necessidades de cada integrante e, posteriormente, de cada família.

Primeiro, identificamos as principais dificuldades ou pontos de conflito. Dentre as múltiplas escolhas, o resultado, na sequência, foi:

- Excesso de compromissos profissionais, escolares, esportivos.
- Uso excessivo de telas ou tecnologia.
- Criação e educação dos filhos.

Posteriormente, buscamos identificar as maiores necessidades, que apresentou o seguinte resultado:

De modo inquestionável, o tempo de qualidade tem sido a maior necessidade das famílias. Talvez porque (o tempo) hoje seja o que temos de mais precioso. Nas crianças e adolescentes, sua ausência é percebida pelos sintomas de agressividade, desregulação emocional, depressivos e outros. Nos pais, aparece como estresse, fadiga, esgotamento físico e emocional, transtornos de ansiedade.

Além da pesquisa, a prática clínica demonstra que as famílias e cada integrante delas precisam de ajuda. A educação parental surge como uma grande aliada, instrumentalizando os pais no desafio de educar e construir seres humanos, sem desrespeitar a individualidade. Torna possível e real uma parentalidade consciente, plena e responsável, como define Daniel Siegel, neurocientista norte-americano.

O orientador parental torna-se o agente da transformação. Criando um plano de tratamento, em que são levantadas as principais demandas da família e, posteriormente, instrumentalizando e monitorando para se chegar aos resultados esperados.

Cabe ao orientador parental:

- Aprimorar a comunicação da família, alcançando assertividade nas relações. Uma boa comunicação envolve também uma boa escuta. Ajudar a família a adquirir uma escuta atenciosa e respeitosa.
- Promover a busca da empatia em todas as esferas das relações familiares.
- Elaborar e ressignificar crenças e conceitos importantes da família, considerando afinidades e diferenças de cada integrante.
- Fazer a mediação e, na prática, trabalhar a resolução de conflitos.
- Sugerir práticas de interação entre a família, considerando as individualidades, reforçando a importância da responsabilidade e o respeito entre os integrantes familiares.

O orientador parental precisa olhar para essa família e identificar as dores existentes, incluindo aquelas que não são identificadas facilmente. Precisa ser o agente que vai transformar a teoria em prática.

Para que nossos filhos sejam crianças e adultos saudáveis, precisamos, enquanto pais, olhar para nós mesmos. Deixar as crenças limitantes recebidas, como a que ser mãe e pai é algo natural, aprendido no decorrer da vida. Claro que a vivência nos ensina e nos empodera, mas há um universo de informação, de novos olhares para essa parentalidade, que merece ao menos ser vista. E que uma vez aceita, pais e filhos são beneficiados, mediante toda ressignificação ocorrida.

Quão maravilhoso é, no final de um processo psicoterapêutico e/ou de orientação parental, ouvir que os vínculos foram fortalecidos, que a comunicação foi aperfeiçoada e aprofundada, que os relacionamentos estão mais afetuosos. A tão buscada sensação de fazer diferença no mundo talvez seja isso.

Se você ainda não se permitiu, venha conosco desbravar e explorar o universo da parentalidade consciente.

07

A ARTE DE CRESCER E EVOLUIR

FAMÍLIA, EDUCADORES PARENTAIS, MENTOR E A ADOLESCÊNCIA

Como Benfeitora da Humanidade, eu tenho o grande desejo de contribuir com a família, os adolescentes e os educadores parentais por meio de minha história, minhas experiências e meu conhecimento, para que esses jovens tenham um propósito de vida e consigam evoluir, progredir, crescer, ter um futuro brilhante, com satisfação pessoal, muito sucesso, construindo uma vida extraordinária, com grandes realizações e vivendo em plena felicidade.

CLAUDIA SABBATINO

Claudia Sabbatino

Brasileira, natural do Rio de Janeiro, acadêmica com o título de Benfeitora da Humanidade na Academia Brasileira dos Intelectuais (ABI), cadeira 53; acadêmica, cadeira 89, na Academia Brasileña de Ciências, Letras y Artes (AHBLA); formada em Gerontologia Bem-estar e Educação e História; MBA em Neurociências e Psicologia Positiva; pós-graduada em Nutrição Clínica e Estética; pós-graduada em Inteligência Emocional; professora formada; psicanalista, escritora, terapeuta, *master mentor* com tripla certificação, *practitioner* em psicologia positiva com certificação internacional, *master coach executive*; *master* em inteligência emocional, *master* analista comportamental; *master* em psicologia positiva, *master practitioner*, *master* líder, *master* em hipnose e diversos outros cursos do desenvolvimento humano. Como mentora de psicologia positiva e inteligência emocional, com especialização em Carreira e Orientação Vocacional, procura evoluir e progredir a cada dia, estudando sempre para servir e transformar vidas. Comendadora e embaixadora e na formação Cozinha Contemporânea. Coautora dos livros *Coragem para perdoar*, *Mentoring coaching & advice humanizado ISOR*, *Virtuoso ou vicioso? O desenrolar de cada relação* e *Histórias importantes demais para ficarem no anonimato.*

Contatos
mentoraclaudiasabbatinooficial@gmail.com
claudiasabbatinooficial@gmail.com
Facebook: Claudia Sabbatino Oficial
Instagram: @claudiasabbatinooficial
YouTube: Mentora Claudia Sabbatino Oficial
LinkedIn: Claudia Sabbatino
21 97989 4646 / 21 99452 2714

A adolescência é a fase em que os jovens estão se preparando para o futuro, para a construção de uma vida extraordinária, desejada, de planejamento, de decisões, de metas, de objetivos, de elaboração de um projeto de vida. A fase abençoada de cada ser humano, em que todos os desejos são organizados, habilidades são reconhecidas e potenciais são exaltados. Anos iluminados de autoconhecimento em que a vontade de ser feliz e viver com satisfação pessoal está em cada dia. A adolescência vem com doçura e com coragem que cada adolescente tem para trilhar um caminho de sucesso no qual a única direção é a felicidade.

Dedico este capítulo a todos os educadores parentais e mentores que ajudam a orientar e cuidar de uma criança ou adolescente na construção dos aspectos da personalidade e da vida. São profissionais além dos pais, como professores, cuidadores, psicólogos, psicopedagogos, envolvidos na educação e no cuidado da criança e do adolescente, que dão auxílio e acompanhamento para que os familiares, por meio de um planejamento de ações e metas estratégicas, aprendam as melhores práticas para que tenham grandes conhecimentos e habilidades no estabelecimento de vínculos acolhedores e positivos, com a escuta ativa, amor, comunicação e suporte para que crianças e adolescentes possam ter um desenvolvimento cognitivo, social, físico e emocional de modo saudável. Com amor, orientação, atendimentos personalizados, terapias de grupos, esses profissionais dão assistência no dia a dia e se tornam fundamentais na vida de pessoas tão doces no início de suas vidas.

Adolescência vem do latim *adulescere* e significa desenvolver-se, atingir a maioridade, crescer. É uma fase de transição do indivíduo entre a infância e a idade adulta. Assim, a adolescência pode ser entendida como um período de grandes mudanças, transformações no desempenho de papéis, bem como de ampliação no exercício de pertencimento à reposição.

Nesse sentido, torna-se relevante discutir os possíveis conflitos que todo adolescente enfrenta no desempenho de novos papéis diante da transição para a vida adulta. Nessa fase, os jovens apresentam momentos de dificuldades, confusão, dúvidas, irritação, como também estados de tristeza e angústia diante de um projeto de vida. Entretanto, todas essas mudanças também produzem entusiasmo, coragem e crescimento.

Entre a adolescência e o início da vida adulta são exploradas diversas possibilidades, tanto nas relações afetivas como nas preferências profissionais, que, gradativamente, vão se transformar em escolhas. É uma fase constituída por desejos em relação à vida adulta, também é considerado um período marcado por incertezas e muita ansiedade, em que existe uma cobrança social e familiar para o desempenho de tarefas que exigem grande postura e muita responsabilidade. Os adolescentes almejam ter sempre o reconhecimento de suas capacidades, habilidades, potências e isso representa a grande chance, a possibilidade de realizações e satisfação pessoal no futuro. Isso representa a esperança de conseguir, por méritos próprios e esforços pessoais, atingir todas as metas e objetivos de uma vida maravilhosa e ideal.

O adolescente necessita de suporte durante essa fase tão deslumbrante e ao mesmo tempo de emergência, de cobrança social, de contexto de grupo ideal para o desenvolvimento desse apoio. O jovem busca ajuda necessária para se identificar pelo autoconhecimento e, assim, se posicionar diante da sociedade, das exigências sociais e familiares. Surge, para o adolescente, a necessidade de ser aceito em determinado grupo social e a preocupação de assumir um estilo que agrade não só a si próprio, como também as pessoas de seu convívio social e familiar.

A família é a grande base da vida. O acompanhamento dos educadores parentais é primordial. As doces amizades se fazem fundamentais. Os amigos trazem segurança, carinho, apoio e maior inserção no meio social. A participação em grupos e sentir-se aceito possibilita a esse jovem a construção da identidade e conformidade com a autoimagem e com a autoestima.

A adolescência é o momento da aprendizagem do respeito, do amor ao próximo, do compromisso com os deveres na avaliação das normas sociais e na experimentação das regras, um período de intenso idealismo e de encontro de valores abstratos como democracia, privacidade, tão importantes para o progresso da cultura e da sociedade. A força para lutar por um mundo melhor, por ideais, causas, um futuro brilhante, pelo sucesso, é fundamental para confortar esse ser, além de ser também força motriz para trazer mudanças positivas para o mundo. É nesse momento que o apoio dos pais, o trabalho dos educadores e dos mentores parentais faz toda a diferença.

Os pais desempenham um papel de extrema importância na vida de seus filhos adolescentes, pois é por meio deles que os filhos têm referências com os sentimentos de amor e cuidado como foram criados por toda a vida. Os pais, para muitos filhos, são como espelhos que gostariam de ser como ideais de adultos perfeitos, como exemplos de sucesso – alguns, inclusive, seguem as mesmas profissões dos pais.

Para alguns adultos e pais, a convivência com adolescentes pode ser desafiadora, pois muitos mostram rebeldia, distanciamento e intransigência. Desencontros que podem acabar gerando ausência de apoio dos pais nessa fase tão delicada, tão importante da vida, quando os jovens precisam tanto de atenção e orientação.

Os adultos envolvidos no processo de adolescer e amadurecer dos filhos precisam ser exemplos de amor, de carinho, de compreensão, de acolhimento, ser exemplos positivos, abertos para escutá-los e apoiá-los como indivíduos que estão passando por uma fase intensa de mudanças e escolhas que serão decisivas para a construção de um grande futuro. É a fase que mais precisa de orientação e apoio.

Os pais devem ser conscientes e não podem deixar de lado suas responsabilidades. Eles precisam ser firmes com suas imagens parentais para orientá-los e dar-lhes limites e uma direção na vida quando necessário. Mesmo que a adolescência seja um período delicado, difícil, de angústias e ansiedade, é importante que os pais também busquem ajuda de um profissional na escolha da carreira e na orientação vocacional de seus filhos. Os pais têm uma grande e importante influência no desenvolvimento de seus filhos. Entre os pontos mais importantes está a ajuda de um mentor para os filhos na escolha da carreira e da orientação vocacional.

Os pais são seus modelos ou conselheiros e devem apoiar e ajudar os filhos em todo o processo de decisões, valorizando o que eles têm como ideal de carreira e de vida. Reconhecer a importância da família e todo o apoio que ela pode oferecer faz parte do desenvolvimento e do crescimento pessoal dos filhos. O suporte também se estende para a vida profissional, mesmo que não tenha a formação ou a carreira que os filhos desejam.

Os familiares são muito importantes na hora de expandir o potencial dos filhos. Na nossa família construimos nossa primeira visão de mundo. Os pais devem orientar os filhos sempre e apresentar as possibilidades, baseadas nas próprias experiências e no conhecimento. Devem ter isso em mente quando falam sobre uma escolha profissional e aconselhar os filhos a buscarem informações a respeito de todas as carreiras e mercado de trabalho.

Cada profissão tem suas vantagens e desvantagens e conhecer esses aspectos se torna fundamental no processo. Os pais devem conversar, orientar sempre, promover o autoconhecimento de seus filhos a cada dia. Por meio de perguntas, devem ajudar seus filhos para que identifiquem habilidades, o que gostam de fazer, como gostariam de viver e devem estar atentos às mudanças. Esse é o melhor caminho para pais e filhos que se preocupam com a escolha de uma carreira.

Os familiares, a escola, os amigos, todos os educadores parentais e mentores são fundamentais para encorajar os adolescentes na escolha de carreira, tendo em vista que essa é uma decisão fundamental que pode mudar completamente a vida deles. Essa situação não é fácil, e o apoio de todas essas pessoas tão importantes faz toda a diferença. A escolha de uma carreira pode ser feita com a orientação de um mentor que trabalha com a família e educadores parentais.

Um mentor é um profissional que tem uma grande responsabilidade e a obrigação de ter lealdade com seu mentorado para que possa criar um vínculo de segurança e confiança. A função básica que todo mentor exerce é a de orientar e, por meio dela, ajudar uma pessoa a reconhecer talentos, habilidades e potenciais, oferecendo motivação e inspiração para que seu mentorado chegue a seu objetivo e coloque em prática seu potencial.

Os educadores parentais podem atuar como mentores parentais procurando uma formação de mentores parentais em que recebam o certificado para trabalhar com as famílias, orientá-las a educar os filhos de maneira empática, respeitosa e assertiva. O mentor parental é um guia que tem o conhecimento das fases e do desenvolvimento das crianças e adolescentes e tem ferramentas que provocam questionamentos internos em seus mentorados, buscando sempre as melhores soluções.

O mentor parental tem o foco de guiar os cuidadores a caminharem com a criança e o adolescente tratando essas pessoas como seres que precisam de amor, compreensão, respeito e empatia. Além da mentoria parental e da mentoria de carreira e orientação vocacional, temos também o coaching parental e o coaching vocacional, os quais podem fazer parte da formação do educador parental.

O *coaching* é baseado em perguntas que ajudam um adolescente a chegar às próprias conclusões e encontrar as respostas nele mesmo, enquanto o mentoring trabalha com o compartilhamento de conselhos, de orientações, conhecimentos e experiências do mentor. Diferentemente do coach, o mentor pode dizer sua opinião e qual o melhor caminho para que tenha êxito e resultados positivos.

A minha formação é *Master Mentor* com Tripla Certificação e posso atuar com a minha certificação em todas as áreas da mentoria. Os educadores parentais podem fazer o mesmo caminho e, depois, fazer um formação como mentores parentais para que possam receber a certificação como mentores especialistas na área de parentalidade.

O meu trabalho como mentora sempre esteve aliado com a psicologia positiva, que tenho certificação, a qual trabalha o lado bom e positivo em todas as circunstâncias por meio do encorajamento e da empatia com o uso de várias estratégias e técnicas construtivas. A educação positiva tem como valores a responsabilidade, a disciplina, a empatia, o autocontrole e o respeito. Essa educação rejeita castigos, gritos ou violência como forma de ensinar e disciplinar.

O respeito mútuo, o amor, o afeto, a gentileza e o diálogo são as principais ferramentas para solucionar problemas. A criança ou o adolescente, quando recebe incentivo de participação, se sente importante e desenvolve o sentimento de pertencimento ao ter chance de cooperar. As crianças e os adolescentes sentem necessidade de serem aceitos; os mentores e educadores parentais, com os pais, dão o incentivo para que descubram seus potenciais, possibilitando que se tornem capazes de aprender com os próprios erros e tenham confiança em si mesmos.

A comunicação é uma grande e importante ferramenta para a relação humana. Em minhas mentorias, sempre usei o *rapport*, a escuta ativa, ferramentas de avaliação da personalidade como o DISC, testes de autoconhecimento, âncoras de carreira, roda da vida, vida dos seus sonhos, projeto de vida, inúmeras e maravilhosas ferramentas que dão auxílio e suporte no trabalho de um mentor.

A mentoria de carreira e orientação vocacional é um excelente processo de desenvolvimento humano que visa ao crescimento e à evolução de todos os mentorados, sejam adolescentes ou adultos. O mentor trabalha para que todos vivam de maneira positiva e inteligente, com motivação, satisfação, realização pessoal e consigam alcançar os resultados esperados, as metas traçadas e os objetivos planejados pela orientação, sabedoria e conhecimento de um mentor.

A ajuda da mentoria de carreira e orientação vocacional traz benefícios para os adolescentes e desenvolve habilidades de modo estratégico. Pelo autoconhecimento, o jovem identifica gostos, quem ele é, o que ele gostaria de ser, como gostaria de viver, aumentando o campo de visão, desenvolvendo um raciocínio tático, identificando os pontos fortes e as áreas de melhoria, evolução e mudanças, escuta, aconselha, ajuda a organizar ideias, fazer as melhores escolhas, tomar as decisões certas, promove reflexão, conscientização e ajuda a mostrar as direções dos melhores caminhos que permitam o crescimento e a realização de desejos para uma vida extraordinária rumo à felicidade. O mentor de carreira e orientação vocacional prepara o jovem, pelo autoconhecimento e por um projeto de vida, para a escolha de uma profissão, contribuindo para a construção de um país cada vez mais evoluído e a excelência das futuras gerações.

A orientação vocacional consiste em orientar e auxiliar uma pessoa que está desorientada e precisando de parâmetros para encontrar o caminho. É um processo que ajuda a identificar a vocação. A mentoria de carreira é um processo em que o mentorado recebe apoio para definir objetivos pessoais e profissionais em relação à carreira escolhida, além de estruturar toda uma meta, todo um planejamento para alcançá-los.

No aconselhamento de carreira, cada mentorado já desenvolveu a sua identidade profissional, encontrou sua vocação e o caminho que gostaria de seguir. Essa é a mentoria de carreira. No caso de mentorados que não têm ainda a identidade profissional consolidada, o processo é o aconselhamento vocacional, ou seja, o mentor explorará todas as aptidões, os pontos fortes, o autoconhecimento, as habilidades, o que ele gosta, quem ele é, seus potenciais para ajudar a identificar sua vocação, sua identidade e sua escolha profissional. Esse é o processo que podemos chamar de mentoria de orientação vocacional.

Os pais podem procurar um mentor para seus filhos e o trabalho poderá ser estabelecido em sessões de atendimento individual que podem ser entre 6 e 10 sessões, dependendo de cada profissional, trabalhando o autoconhecimento que é o primordial nessa fase de orientação vocacional, testes para ajudar na identificação pessoal e profissional, como a elaboração e planejamento de um projeto de vida. A psicologia positiva, em união com a mentoria, também é uma grande aliada da educação voltada para o estudo dos adolescentes e suas vocações, para o estudo científico do desenvolvimento das potencialidades humanas em que as emoções positivas fortalecem os recursos intelectuais, físicos e sociais.

Quando as forças e as competências dos jovens são trabalhadas de maneira positiva, orientadas, estimuladas, incentivadas, eles recebem a motivação que necessitam para encontrarem realizações pessoais, sentindo coragem para buscar seus objetivos e vontade de melhorar a cada dia, de crescer, evoluir com a confiança de que podem realizar o que quiserem, de ser o quiserem ser e viver do modo que quiserem viver.

O mentor e o adolescente vão construir um projeto de vida que, pelo autoconhecimento, estabelece o que ele, adolescente, gosta, o que traz felicidade, quem ele é, qual a vida que gostaria de ter, qual a profissão que o deixará mais feliz. O projeto de vida não está ligado somente à escolha de uma carreira, mas aponta a missão do adolescente, e faz que ele compreenda o propósito de sua existência no mundo.

Nesse projeto são desenvolvidas três dimensões que seriam: a dimensão pessoal do adolescente pelo autoconhecimento, a social pela vida em sociedade, a profissional pela carreira escolhida no mundo profissional. O projeto de vida ajuda o adolescente a ter um propósito em todas as coisas que faz, organiza seus desejos, suas metas e seus objetivos futuros, habilidades, motivações pessoais são trabalhadas para uma evolução constante visando ao progresso, ao desenvolvimento no presente e à realização do futuro, como também faz todo um planejamento de como ele deve fazer para alcançar esses resultados. O sucesso nas dimensões da vida do adolescente, a realização pessoal e a profissional acontecem com a soma de todos os esforços e o desejo constante de evoluir. O projeto de vida funciona como uma bússola que indica a direção correta a seguir.

Os adolescentes que pensam e planejam aumentam a motivação, a satisfação pessoal e a qualidade de vida. As pessoas que fazem planos, estabelecem metas, se tornam mais motivadas naturalmente. É uma maneira de ter mais foco, dedicação, coragem para buscar a vida almejada. Se o objetivo de um adolescente é ser bem-sucedido na vida, é fundamental que aprenda a planejar o futuro, definindo as metas e os primeiros passos para alcançá-los para uma vida feliz, uma vida extraordinária, maravilhosa, com infinitas bênçãos e grandes realizações. O projeto de vida não é o futuro e sim a preparação dele no presente. Quando o adolescente se prepara para o futuro, ele já passa a vivenciar o que idealiza, começa a construir passo a passo a sua grande vida extraordinária sendo o autor de cada página do grande livro da sua vida e o protagonista da própria história. Eu sempre trabalhei assim como mentora, usando a psicologia positiva, e todos os meus trabalhos sempre deram certo.

A educação sempre foi e sempre será o caminho correto para uma sociedade evoluída e para o crescimento e desenvolvimento de um grande país. Quando passamos a ter a consciência de que nossos filhos, adolescentes de hoje, farão escolhas e tomarão as decisões para nossa sociedade de amanhã, começamos a ter a noção de nossas responsabilidades. Começamos a entender a importância de orientá-los, de acolhê-los, de apoiá-los com amor, carinho, compreensão e paciência. Prezar pelo amanhã desses jovens é um modo de impactarmos também positivamente nosso futuro e colaborarmos com um mundo evoluído de amor e paz. Um dos princípios da educação parental é fornecer um conjunto de ações que visam tornar o relacionamento de pais e filhos saudável e acolhedor, com a visão de que crianças e adolescentes precisam de afeto, amor, diálogo e compreensão. É necessário ter acompanhamento, orientação e receber o conhecimento para proporcionar ao filho as melhores condições para um bom desenvolvimento físico, psicológico e intelectual. A educação parental desenvolve habilidades socioemocionais de todos da família, criando um ambiente saudável com foco no bem-estar e na saúde mental.

Com muito amor, escrevi este capítulo para todos os pais, educadores parentais, mentores parentais e todos os adolescentes. Espero que, de alguma maneira, possa ajudar com as minhas experiências de vida para que as pessoas encontrem o caminho da felicidade. A grande força é gerada por todas as coisas que fazem as pessoas felizes. Isso é o que dá coragem.

Que vivam sempre com pensamentos positivos e que o coração de vocês seja sempre morada de bons sentimentos. Que vivam sempre para agradecer os presentes do senhor na vida de vocês, pela família, pelo amor, pelos amigos e pela vida. As pessoas positivas são aquelas que sempre enxergam com os olhos do amor, da bondade, criando ambientes de positividade, união, otimismo, gratidão e paz.

O poder do pensamento e do amor são os maiores que existem. São as forças que estão construindo os mais doces sentimentos, os mais saudáveis ambientes de harmonia, as mais doces pessoas e isso gera cada vez mais amor e qualidade de vida. Quando todos compreendem o poder que têm nas mãos, entendem que podem fazer deste mundo um lugar de amor, paz e felicidade.

Que vocês se comprometam com as próprias vidas, consigo mesmos. Que busquem sempre a vida que tanto desejam e almejam, que vocês façam acontecer. Que a luz que vocês têm seja sempre o guia que vai iluminar todos os caminhos e que escutem a voz do coração. Que encontrem sempre a força para levantar e se reerguer de todas as dificuldades para conquistar vitórias. Que as grandes lições aprendidas sejam suas grandes experiências transformadas em vida positiva que vão ajudar pessoas e vão transformar outras.

Que saibam transformar situações de vida em glórias, em mudanças, em crescimento, em progresso e em evolução. Que vocês vivam sempre para o amor e a bondade neste mundo com muito amor ao próximo, muita gratidão e paz, contribuindo com a evolução da humanidade, com foco, determinação, motivação, transformando todos os desejos em realidade, satisfação, encontrando, na sua alma, coragem para viver em plena felicidade e, no coração, muito amor para o mundo.

Que estejam em constante evolução e a felicidade esteja dentro de vocês, brilhando com toda intensidade. Que façam acontecer, que façam dar certo.

Que nunca deixem de estudar, pois somos eternos aprendizes do saber. Aquele que deseja um mundo de paz, em que o amor seja, para todos, uma missão de vida, basta ter a coragem para ser feliz, para mudar, fazer acontecer, basta fazer dar certo, basta fazer a sua vida brilhar e virar uma história para contar.

O amor é uma missão de vida.

Com todo o meu amor.

08

MEDIAÇÃO E PARENTALIDADE CONSCIENTE NA INFÂNCIA E NA ADOLESCÊNCIA

O cenário adverso que a maioria das famílias experimenta na ruptura familiar pode mudar com a mediação judicial ou extrajudicial: meio de resolução de conflitos que facilita a transformação positiva das relações interpessoais. Ao contrário da judicialização, a mediação vai além do conflito jurídico e possibilita a continuidade saudável das relações após qualquer rompimento. As abordagens do educador parental são fortemente hábeis para lidar com essas demandas complexas. Juntas, podem colaborar para construir uma autocomposição qualitativa, diminuir a espiral do conflito e contribuir para o desenvolvimento dos seres humanos envolvidos.

ELLEN NITOPI

Ellen Nitopi

O Direito não impediu a busca da realização de um propósito maior, que exige vários outros que o sustentam, complementam e agregam, como a pedagogia, psicopedagogia, a educação parental, o desenvolvimento humano, a visão sistêmica da educação, a neurociência e a mediação. O maior intuito é estar em movimento na busca de ferramentas para a educação plena do ser humano, seja no aprendizado escolar, social, individual, a fim de transformar a si e ao outro. A humanização das relações envolve as famílias e todas as suas nuances. Casada, mãe de Manuela e Heloisa; pedagoga formada pela Unip-SP, lotada na educação infantil; pós-graduada em Psicopedagogia Clínica e Institucional pela Faculdade Metropolitana; MBA em Gestão Escolar pela Esalq-Usp; pós-graduanda em Neurociência Educacional, Cognição e Comportamento pelo Instituto Thais Faria Coelho, vinculado à FAHE (Faculdade de Administração, Humanas e Exatas); pós-graduanda integral em Educação Parental (Faculdade Focus - Bete P. Rodrigues); mediadora extrajudicial pelo método humanize; *coach* familiar e de adolescentes pela Parent Coach Brasil - método S.E.R; educadora parental, *coach* kids e teen pelo ICIJ - Instituto de Crescimento Infantojuvenil - Método *CoRE KidCoaching* e do Método *CoRE TeenCoaching*, certificada em CNV e mediação escolar pelo Centro de Mediadores.

Contatos
ellen_nitopi@hotmail.com
Instagram: @ellen.nitopi
Facebook: ellennitopisiqueiragaruze
18 99133 3095

O termo parentalidade designa a expressão que se refere aos papéis e funções parentais, ou seja, como os pais agem em relação aos filhos. A parentalidade não pode ser negligenciada ou romantizada. Portanto, ser pai e ser mãe não é só um simples desejo, deve ser um processo consciente.

Nesse processo de consciência familiar, o autoconhecimento dos indivíduos e da dinâmica entre eles nesse sistema oferece o suporte necessário tanto para sustentar uma convivência harmoniosa e respeitosa com benefícios e trocas positivas quanto para, sem julgamento, ressignificar, compreender e aceitar os sentimentos negativos, contraditórios, não atendidos, que resultam em ferimentos traumáticos ou não.

Quando os desajustes sobressaem, os relacionamentos podem caminhar para um rompimento legal e definitivo. Muitas vezes ocorre até para preservar os envolvidos.

Atualmente, a mediação judicial ou extrajudicial familiar é um meio menos moroso e oneroso do ponto de vista emocional, social e financeiro (PARKINSON, 2016, p. 39) para as partes solucionarem os conflitos existentes num rompimento conjugal e, se tiver as intervenções adequadas, mais protetivo aos interesses das crianças e adolescentes.

Quando um dos cônjuges ou o casal decide pôr fim à conjugalidade, o foco não pode ser a busca pela culpabilização de um em detrimento da vitimização do outro (RAPIZO, 2012), principalmente quando envolve filhos, uma vez que o rompimento do casal não extingue a família e precisa ainda preservar seus relacionamentos.

Nesse sentido, encontram-se na mediação familiar ambiente e técnicas para que as pessoas encontrem, por elas mesmas, soluções para seus conflitos. Acordos mais duradouros, porque são mais aceitáveis. Mais justos e pacíficos, porque olhares interdisciplinares colaboram para a necessidade de cada indivíduo nesse novo ajuste familiar.

A mediação orienta a parentalidade para o fim sociológico do conflito, restabelece a comunicação do futuro, tendo o diálogo como principal prática na construção do plano de parentalidade.

O crescimento da mediação familiar tem resgatado e/ou despertado a consciência da parentalidade e deve combater a desproporcionalidade cultural entre pais e mães no compromisso com a família.

A mediação familiar fornece técnicas e ambiente satisfatórios para a parentalidade adequada, pois revela os verdadeiros motivos do conflito tendo grande chance de evitar a continuidade de brigas após a separação e reconectar a família nessa nova organização relacional.

As leis tratam, por exemplo, da responsabilização parental nos artigos 1579, 1632, 1634, 1636, 1638 do código civil brasileiro de 2002; dos crimes contra a ausência de assistência familiar nos artigos 244 a 246 do Código Penal; da dignidade da pessoa humana, a proteção integral e o melhor interesse da criança e do adolescente nos artigos 1º, III; 5º, § 2º; 226 § 7º ; 227 e 229 da CF; artigo 1º, 3º do Estatuto da Criança e do Adolescente; artigo 27 da Convenção Sobre dos Direitos da Criança; artigo 19 da Convenção Americana de Direitos Humanos. Isto é, garantem crianças e adolescentes como sujeitos de direitos fundamentais, mas, na maioria das vezes, não são suficientes para o fim sociológico dos conflitos devido à complexidade das contendas familiares e que podem ser obstáculo para o efetivo e concreto cumprimento das próprias finalidades legais.

O restabelecimento da comunicação é o princípio para conter os ânimos de embate no início de uma disputa de interesses familiares que antecedem a mediação. Muitos pais (pai e mãe) têm dificuldade em manter o exercício da parentalidade consciente e, mesmos que separados, devem se reconectar para aproveitar melhor a legislação garantidora de seus direitos e deveres, das técnicas da mediação e intervenções com diversas abordagens.

Como é percebido, o diálogo é a principal prática e objetivo da mediação e o plano de parentalidade traz clareza, celeridade, consciência e mais justiça. Nesse sentido, dentre todas as práticas interdisciplinares dispostas em uma mediação, a base de todas elas é o diálogo.

O diálogo é o objetivo da mediação de conflitos, pois tem o intuito de desvendar os desencontros dos participantes, principalmente os emocionais. O deslinde dos desencontros decorrentes de atitudes negativas, o verdadeiro motivo do conflito vem à tona podendo ser traçado um plano de parentalidade mais eficiente.

O plano de parentalidade é o documento que define as responsabilidades parentais. Se construído num ambiente adequado como o da mediação judicial ou extrajudicial, auxilia as partes a acessarem o que é melhor para essa nova configuração familiar e a tentativa de conseguir a melhor solução possível para proteger os interesses dos filhos é bem maior.

No caso da mediação extrajudicial, o plano de parentalidade teria natureza jurídica de título executivo judicial ou extrajudicial. Ao tratar sobre direitos indisponíveis mesmo que ainda dirimidos os termos com auxílio das técnicas da mediação extrajudicial a homologação, obrigatoriamente, deve ser judicial com a oitiva do Ministério Público.

A eficiência do plano de parentalidade está nas hipóteses justas, céleres, conscientes e pacíficas que atendam o melhor interesse da criança e do adolescente na medida que é melhor gerenciado os conflitos. Assim como a família é o princípio de todo ser humano, os conflitos são inerentes a ele.

Contudo, o período e a intensidade dos atritos conjugais, principalmente dos mais graves, como agressão, ausente ou inadequada comunicação, apontamentos injustos, críticos e manipuladores, diferenças de valores, comprometem desenvolvimento, felicidade, segurança, resiliência e autoestima dos filhos.

A mediação estimula um comportamento contrário, ativando a cooperação dos pais centrada nos filhos em busca da redução dos conflitos, já que as diferenças são tratadas em um contexto mais positivo e atencioso aos detalhes de cada um. Os pais devem estar atentos às necessidades emocionais dos filhos e manter laços afetivos e apoio para auxiliar na adaptação em uma crise ou em um rompimento conjugal e "garantir padrão normal de desenvolvimento". (PARKINSON, p. 224 cita RODGERS; PRIOR, 1998, DUNN; DEATER-DECKARD, 2001).

Autoconhecimento e comunicação

"O fator crítico não é o que aconteceu com você em sua infância – e sim como você enxerga o efeito dessas experiências na sua vida" (SIEGEL, DANIEL J. & HARTZELL, MARY, 2020, prefácio). Se a comunicação é essencial para a mediação, pois sua base é o diálogo, a indução ao autoconhecimento reflexivo dos pais sobre experiências anteriores refletidas nas atuais é indissociável, pois, além da linguagem, modelos mentais, crenças e experiências pessoais interferem na comunicação e no comportamento.

O autoconhecimento dos pais permite a construção de um plano de parentalidade mais sensível às questões contextualizadas e individualizadas da criança e do adolescente, proporcionando maior segurança aos filhos que podem estar fragilizados em virtude das circunstâncias da separação conjugal.

Ao desvendar os verdadeiros interesses no conflito, a mediação proporciona entendimento real dos fatos. Esse entendimento desperta segurança ao equilibrar as relações dos participantes, amenizando as interferências de padrões familiares negativos dos pais, evitando experiências negativas nos filhos. O rompimento desses padrões negativos estabelece uma comunicação mais limpa, direcionada para o bem-estar de todos, principalmente, do melhor interesse da criança e do adolescente.

Para alcançar os direitos legais, a mediação quando não cede à pressão de resolver o litígio sem resolver efetivamente o conflito, acessa sensivelmente por todas essas questões e intercorrências emocionais, não com o objetivo terapêutico, mas embasado no diálogo sincero, sem dissimulações que só as técnicas da mediação podem proporcionar, as filosofias e informações científicas da educação parental respeitosa e positiva podem orientar.

A atenção plena e a flexibilidade responsiva são dois de quatro pilares de uma abordagem para o relacionamento entre pais e filhos dos autores de *Parentalidade consciente* (SIEGEL; HARTZELL, 2020), eleitas como principais abordagens para aplicação adaptada no ambiente da mediação.

A atenção plena pode desviar o foco de padrões negativos do passado ou dos criados e intensificados a partir do conflito, trazendo os participantes para o presente, respeitando a individualidade de cada um, focando o interesse nos filhos e atendendo a previsão legal de focar o melhor interesse da criança e do adolescente.

Outrossim, o ambiente da mediação pode induzir a flexibilidade responsiva, isto é, direcionar os participantes à reflexão e à escolha intencional da melhor maneira de agir, reduzindo reações automáticas muito mais propícias com os ânimos alterados de audiências convencionais nos casos de conflitos familiares.

A mediação é mais favorável para não comprometer essa flexibilidade responsiva, que é "a capacidade mental de avaliar uma ampla variedade de processos mentais, como impulsos, ideias e sentimentos e dar uma resposta bem embasada" (SIEGEL; HARTZELL, 2020, p. 19).

Permite agir menos de maneira instintiva e mais reflexiva. Assim, a consciência plena do estado interno dos participantes traz um entendimento emocional para agir e alcançar uma "comunicação interativa colaborativa". A aplicação bem utilizada desses dois pilares de uma abordagem de parentalidade consciente na mediação cria oportunidade para os outros pilares.

Nesse sentido, aproveita a oportunidade para se desenvolver a partir de um conflito – aprendizagem ao longo da vida – "focando além do nível superficial da experiência – mindsight" e, por consequência, a possibilidade de criar compreensão e conexão entre os envolvidos os fazem sair mais felizes e satisfeitos da mediação – alegria de viver.

Plano de parentalidade

Os acordos usualmente estabelecidos decorrem de uma práxis ainda que imbuída de seriedade superficial. Ou seja, ainda que trate de importantes questões, na maioria das vezes, não são considerados os filhos em sua individualidade.

O detalhamento de questões práticas deve ter foco garantido no apoio emocional da criança e do adolescente, com base no entendimento de seus sentimentos e necessidades. O plano de parentalidade construído com os participantes tem esse viés. As técnicas aplicadas na mediação evidenciam todos os pontos de vista. Desse modo, ajuda os pais a se concentrarem na individualidade dos filhos tirando o foco do conflito do casal de maneira muito bem gerenciada com base no afeto familiar em uma nova configuração.

Em suma, a união de aspectos, conceitos e técnicas na opção da mediação para dirimir os conflitos facilita muito um plano de parentalidade mais sensível, eficaz, real para embasar relacionamentos saudáveis com os filhos pós-rompimento conjugal. O conhecimento interdisciplinar vai na contramão da simples resolução do litígio e contribui, também, com um dos princípios da mediação, que é a capacitação dos participantes a alcançar as próprias decisões.

O papel do mediador é auxiliar os participantes a reconhecerem as verdadeiras emoções para direcioná-los a uma reflexão intencional, autônoma e equilibrada para o cumprimento da previsão legal de atendimento ao melhor interesse da criança e do adolescente e a resolução não apenas do litígio, mas do conflito de maneira mais saudável para todos.

A tentativa é esclarecer que, por ser a mediação, um procedimento de facilitação do diálogo e uma técnica de resolução de conflitos que favorece um ambiente pacificador condutor para uma parentalidade mais consciente, é uma opção muito eficiente na proteção dos direitos fundamentais da criança e do adolescente.

Por sua vez, as bases científicas interdisciplinares da educação parental podem sustentar a consciência do diálogo não velado, mais adequado para o autoconhecimento das partes e suas necessidades, condutor para uma relação mais humana e pacífica pós-divórcios.

Assim sendo, os nobres intuitos da mediação familiar extrajudicial e judicial no país merecem a intervenção do profissional parental nesse processo para serem mais concretos e completos.

Referências

CNJ – Oficina de pais e mães on-line – Turma 3 - Conselho Nacional de Justiça, 2019.

DAVIS, J. A. & COLLETTE, C. *A origem do conflito familiar persistente*. Disponível em: <https://www.cfeg.com.br/a-origem-do-conflito-familiar-persistente/>. Acesso em: 20 jul. de 2022.

GOELZER, B. B. *Sobre a constituição da parentalidade: o processo de tornar-se mãe e pai*. Disponível em: <https://br.mundopsicologos.com/artigos/sobre-a-constituicao-da-parentalidade-o-processo-de-tornar-se-mae-e-tornar-se-pai>. Acesso em: 20 jul. de 2022.

MACHADO, D. *Método humanize*. Curso de Mediação Extrajudicial, 2022.

PARKINSON, L. *Mediação familiar*. Belo Horizonte: Del Rey, 2016.

RAPIZO, R. Construindo espaços de diálogos com pais, mães e adolescentes nos contextos do divórcio. In L.M.T. Brito (org). *Escuta de crianças e de adolescentes, reflexões, sentidos e práticas* (pp. 119-153). Rio de Janeiro: Ed-UERJ, 2012.

SIEGEL, D. J.; HARTZELL, M. *Parentalidade consciente: como o autoconhecimento nos ajuda a criar nossos filhos*. São Paulo: nVersos, 2020.

TARTUCE, F. *Mediação nos conflitos civis*. 3ª ed. rev. atual. e ampl. São Paulo: Método, 2016.

TIBA, I. *Quem ama, educa! Formando cidadãos éticos*. São Paulo: Integrare, 2012.

09

A ORIENTAÇÃO PARENTAL TAMBÉM PROPORCIONA A PROTEÇÃO DE CRIANÇAS E ADOLESCENTES

A educação sexual é crucial para prevenir e combater o abuso sexual contra crianças. Educadores parentais podem desempenhar um papel significativo nessa demanda. A compreensão da sexualidade é urgente, abrangendo sensações corporais, emoções, relacionamentos e diversidade de gênero. Nossa sociedade não está preparada e nunca foi preparada, mas podemos mudar, promovendo diálogos abertos, desmistificando tabus e investindo em programas educacionais.

FLÁVIA LIMA

Flávia Lima

Psicóloga clínica há sete anos. Educadora parental. Certificação internacional de Educação Parental em Disciplina Positiva pela Positive Discipline Association (PDA). Formação em Avaliação Neuropsicológica. Pós-graduanda em Saúde Mental na Atenção Primária em Saúde pelo Instituto de Ensino e Pesquisa Albert Einstein.

Contatos
flaslimas@gmail.com
Instagram: @flavialima.psicologadafamilia
@educaramorosamente
11 94946 8260

A educação sexual é uma parte importante do desenvolvimento saudável das crianças e adolescentes. Conversar abertamente sobre sexualidade em família ajuda a fornecer informações precisas, promove atitudes positivas, previne situações de risco e proporciona conexão familiar.

Compreender a importância da educação sexual e emocional para crianças e adolescentes, respeitar os limites, garantir direitos e proteger a privacidade são aspectos fundamentais nesse processo. Como educadores parentais, devemos orientar famílias a criar um ambiente familiar saudável, no qual possamos fornecer informações relevantes e adaptadas às necessidades de cada criança e adolescente. Isso contribui para o desenvolvimento saudável, consciente e responsável deles sobre eles mesmos.

É uma educação de acesso ao seu corpo, aos limites que precisam ser respeitados e estabelecidos, conhecimento sobre sua individualidade, direitos, consentimentos e privacidade.

Como educadores parentais, precisamos entender que a educação sexual e emocional adaptada às necessidades, à idade das crianças e adolescentes, respeitosa, conduzida em um clima familiar saudável, informa, protege e garante direitos.

Já sabemos que o abuso sexual é uma violação grave dos direitos das crianças e adolescentes, podendo causar danos físicos, emocionais e sociais imensuráveis. Crianças e adolescentes que não têm repertório e conexão familiar para falar sobre o corpo, vivências ou a vida emocional têm mais dificuldade em denunciar abusos.

Na prática clínica em atendimentos de meninas e meninos que sofreram abusos, continuavam sofrendo muito mais com as consequências da violência, quando o processo de comunicação com sua família não era acolhedor. A comunicação eficaz com a família desempenha papel fundamental na recuperação e no apoio contínuo.

Considerações que são importantes ressaltar

Empatia e sensibilidade: profissionais de saúde devem abordar essas questões com empatia e sensibilidade. O trauma pode dificultar a expressão verbal das experiências, portanto é essencial criar um ambiente seguro e acolhedor para que as vítimas se sintam à vontade para compartilhar.

Educação familiar: a família precisa ser educada sobre os efeitos do abuso e como apoiar a vítima. Isso inclui entender os sinais de trauma, como ansiedade, depressão, pesadelos e mudanças comportamentais.

Comunicação aberta: encoraje a comunicação aberta entre a vítima e sua família. Isso pode envolver sessões de terapia familiar, em que todos têm a oportunidade de expressar sentimentos e preocupações.

Rede de apoio: além da família, é importante envolver outros membros da rede de apoio, como amigos próximos, professores e conselheiros. Eles podem oferecer suporte adicional e ajudar a vítima a se sentir menos isolada.

Recursos profissionais: encaminhe a família a recursos profissionais, como terapeutas especializados em trauma e organizações de apoio a vítimas de abuso. Esses profissionais podem fornecer orientação específica e estratégias para lidar com as consequências emocionais e comportamentais.

Lembre-se de que cada caso é único, e a abordagem deve ser adaptada às necessidades individuais da vítima e de sua família.

Casos clínicos

Em um dos casos que atendi, uma garotinha de sete anos chegou à clínica com queixa inicial de desmaios e queda de cabelos. Os desenhos dela sempre tinham coisas enterradas (segredos). Ela desenhava algo e cobria com outros desenhos, terra, madeira, pedras. E se tratava de um caso de violência sexual intrafamiliar.

Uma garota de dez anos, que fazia vários desenhos de uma garota olhando para precipícios, com lobos e lua, todos os desenhos tinham como fundo a noite, sua revelação demorou um pouco, mas após um forte vínculo terapêutico, ela escreveu em um pedaço de papel muito pequeno e colocou numa caixinha e me entregou (eu amo minha família) e falou sobre os abusos que o tio fez contra ela em um período de férias em que passou com a família. A partir desse momento, passou a sofrer fortes ameaças. Depois de algumas sessões de terapia, ela foi retirada do acompanhamento psicológico.

Em outro caso, uma criança de quatro anos era abusada pelo professor toda vez que ia ao banheiro da escola. Essa criança, como as outras das histórias reais contadas acima, também não tinha repertório, não tinha as palavras que identificassem a situação de violência para denunciar o que estava acontecendo, então ela dizia que não queria mais ir à escola, e que não entendia o que o professor ensinava, passou também a não beber água na escola para não ir ao banheiro, chegava em casa com roupas molhadas. Depois de muito choro e dias apresentando sintomas psicossomáticos como dor na barriga e febre, maneira que ela encontrou de não ir à escola diversas vezes e de tentar se proteger sozinha dos abusos sofridos.

O abuso sexual é um ato de natureza sexual de um adulto contra uma criança ou de uma criança contra outra criança. Quando se trata de duas crianças, você precisa saber distinguir entre abuso sexual e brincadeira sexual, e também levar em conta a diferença de idade entre elas.

Nas brincadeiras sexuais, as duas crianças têm aproximadamente a mesma idade e ambas estão envolvidas na brincadeira. Os gestos que ocorrem são, portanto, antes de tudo uma questão de curiosidade. Por exemplo, uma criança pode estar nua ou tocar os órgãos genitais da outra. Quando a criança é forçada, manipulada ou chantageada, invadida, não é mais uma brincadeira nem mesmo um ato de curiosidade.

A educação sexual deve sempre disponibilizar palavras, repertório, para crianças e adolescentes se sentirem à vontade para falar sobre sua sexualidade no contexto familiar. A educação sexual é um tema muito importante para o desenvolvimento saudável e seguro de crianças e adolescentes. Ela ajuda a fornecer conhecimentos, valores e habilidades para que possam compreender e expressar sua sexualidade de forma responsável e respeitosa.

Além disso, a educação sexual contribui para a prevenção de gravidez na adolescência, doenças sexualmente transmissíveis, violências e abusos e para a promoção dos direitos humanos e da igualdade de gênero.

A educação sexual segura e de qualidade impede informações incorretas e entrega às crianças conhecimento, estabelece e fortalece valores e atitudes positivas, aumenta habilidades que favorecem tomadas de decisões seguras e conscientes sobre o corpo. Existem diversos materiais e recursos que podem auxiliar pais, educadores e profissionais a abordar assuntos sobre sexualidade com crianças, de modo natural, didático e esclarecedor.

Quando uma criança tem a oportunidade de falar sobre um abuso que venha sofrendo, ela pode enfrentar diversas reações e consequências, dependendo da forma como é acolhida pela família. Alívio, medo, culpa, vergonha, raiva, tristeza etc. Essas são algumas das possíveis consequências, mas como cada criança é única, pode reagir de maneiras diferentes.

A educação sexual é um tema importante e sensível para as famílias, pois envolve aspectos afetivos, culturais, sociais e religiosos que influenciam a formação dos filhos. Um educador parental é um profissional que fornece apoio aos pais para a educação dos filhos, incluindo a sexualidade. Algumas formas de um educador parental trabalhar a educação sexual com as famílias são:

- Estabelecer uma relação de confiança e respeito com as famílias, entendendo necessidades, dúvidas e valores.
- Oferecer informações científicas, claras e objetivas sobre o corpo, a reprodução, a gravidez, os métodos contraceptivos, as doenças sexualmente transmissíveis e a prevenção do abuso sexual.
- Promover o diálogo sobre sexualidade no contexto familiar, respeitando as diferenças e a diversidade, incentivando a expressão de sentimentos, dúvidas e opiniões.
- Orientar os pais sobre como lidar com as mudanças físicas e emocionais dos filhos na puberdade e na adolescência, como estabelecer limites e regras de convivência.
- Reforçar a importância da educação sexual para o desenvolvimento integral dos filhos, para a adoção de hábitos saudáveis, para o respeito à privacidade e para a construção de relações afetivas e sexuais saudáveis e responsáveis.

A revelação do abuso sexual, principalmente quando o agressor é alguém da família ou do convívio familiar, pode gerar uma crise, acionando dinâmicas de culpabilização e vergonha, que podem potencializar o sofrimento da criança ou adolescente vítima. A revelação também pode possibilitar a identificação do autor dos abusos sexuais, permitindo um trabalho de prevenção da violência. O tratamento psicológico para o abusador e medidas legais sempre devem ser realizados.

Para o educador parental, é importante observar que a família pode reagir de maneira amorosa, positiva, quando acredita no relato de suas filhas e filhos; de maneira negativa, quando não acredita e "mantém-se" ao lado do abusador ou abusadora; ou ambivalente, quando se encontra dividida entre o relato de seus filhos e do abusador(a), faz muitas perguntas e deixa a criança confusa sobre o relato dela. Perguntas como: "Você tem certeza?", "Pode estar se confundindo, "Ele é sempre tão atencioso, carinhoso com você".

Precisamos considerar alguns sentimentos apresentados pelas famílias: tristeza, vergonha, angústia, falta de proteção e apoio, sentimento de impotência por não ter conseguido proteger suas filhas, culpa, que se baseia nesse modelo de que mães não podem falhar, frustração, medo e preocupação. Frequentemente, crianças abusadas têm mães que também foram vítimas de abuso na infância. E essas mães guardam esse segredo com elas porque não tiveram nenhum tipo de apoio psicológico na época do ocorrido, podendo reviver emoções ainda daquela época. Tudo isso pode ocasionar o abandono do acompanhamento terapêutico. Sempre há tempo de buscar ajuda e cuidar de nossas feridas emocionais. Lembre-se de que um cuidador também precisa de cuidados. Alguém precisa cuidar de quem cuida.

Certifique-se de que a família se comunica de forma adequada à idade da criança.

Quando uma criança pergunta de onde vêm os bebês, muitas vezes os adultos pensam imediatamente em sexo. O mais importante é entender o que a criança sabe, o que ela quer saber e o que é importante que ela saiba, de acordo com a fase de seu desenvolvimento.

Desde pequenas, crianças geralmente fazem perguntas sobre sexualidade e muitas vezes querem saber de onde vêm os bebês. Devemos responder à curiosidade delas usando uma linguagem apropriada à idade e da maneira mais direta possível. Usar os nomes científicos das partes do corpo. Para responder a perguntas mais específicas, as famílias podem recorrer a livros infantis que, muitas vezes, oferecem explicações simples e adequadas. Precisamos orientar as famílias a ouvir o que o filho realmente quer saber. Também podemos devolver a pergunta para criança: "Como você imagina?" ou "O que você acha?" Isso geralmente leva a longas conversas interessantes, momentos de conexão que aproximam a família ao mundo da criança.

Você pode orientar as famílias a descreverem o sexo com fotos simplificadas, sem entrar em detalhes. Saber que o papai colocou uma célula na barriga da mamãe já é o suficiente para crianças. Na orientação familiar, é importante lembrar que não são crianças que "perdem a inocência", mas sim crianças que ganham confiança, proteção e informação sobre o próprio corpo. Tenham certeza de que, em caso de dúvidas, elas vão solicitá-los novamente. Assegurem à família que o diálogo é conexão.

Mitos sobre abuso sexual contra crianças e adolescentes

O abuso sexual acontece apenas em famílias "desestruturadas".

São pessoas que abusam sexualmente de crianças e não o tipo de família.

O abuso sexual de crianças pode ocorre em qualquer tipo de família. Até mesmo nas consideradas "estruturadas".

Os abusadores não conquistam e seduzem a família.

São manipuladores e, geralmente, tornam-se amigos de pais e crianças.

Abusadores sexuais parecem monstros.

Os monstros não se aproximam de crianças. Pessoas gentis sim.

Muitos abusadores sexuais de crianças se aproximam da família, tornam-se primeiramente amigos dos pais.

Não se aproximam das crianças inicialmente, só após conquistar a confiança dos pais. Inclusive, a princípio, não demonstram nenhum interesse óbvio pelas crianças. Só após conquistarem a confiança dos adultos, se aproximam das crianças e se tornam amigos "especiais".

E como se mostram muito simpáticos, adultos e crianças gostam dele.

As meninas correm mais risco de abuso sexual do que os meninos.

Por mais que os dados indiquem que meninas são mais abusadas que os meninos, meninos também correm risco de abuso sexual. Mas é menos notificado, porque é muito mais difícil para um menino revelar que foi ou que está sendo abusado sexualmente, visto que são mais estigmatizados pela cultura homofóbica, temem os comentários sobre sua sexualidade, sua "força", pela péssima expressão tão utilizada que "homens não choram"; geralmente, se calam após o ocorrido.

No entanto, eu acredito no poder da comunicação, crianças (meninos e meninas) precisam ser preparadas para falar sobre tudo o que ocorre com elas aos seus cuidadores.

Uma educação sem punições, com comunicação eficaz e vínculo amoroso salva vidas e previne traumas como o abuso sexual.

São estranhos que abusam sexualmente de crianças.

Esse mito está relacionado ao conselho antigo que muitos de nós recebemos de nossos pais, "não fale e nem aceite nada de estranhos", não podemos mais "proteger" as crianças apenas com essa orientação para evitar estranhos. Já sabemos que a maior parte dos abusos acontecem em lugares privados, atrás de portas fechadas.

Crianças são seres sexuais.

O pior dos mitos. As crianças experimentam o prazer sensorial (aqui acontece uma excitação fisiológica) do corpo, mas não significa que busquem atividade sexual. Para a criança, o prazer sensorial está relacionado à descoberta de seu corpo e a se sentir bem com ele. As crianças aprendem sobre seu corpo e sobre o de outras pessoas por meio da observação. Esse também é o meio para obterem conhecimento sobre o mundo.

A violência sexual com crianças e adolescentes é uma atividade exploradora, forçada e imposta, conduzida sob ameaças ou por meio de manipulações.

Não há abuso se a criança consentiu.

Uma criança não sabe o que é consentimento. Consentimento supõe a existência de concordância (consentimento voluntário), que consiste no conhecimento intelectual do objetivo que se pretende alcançar.

Uma pessoa que consente sabe o que está fazendo, tem entendimento das consequências. Uma criança não é totalmente consciente da sua sexualidade, porque ela está em desenvolvimento. Ou sobre o que é o sexo, e de todas as suas complexidades.

No abuso sexual contra crianças e adolescentes, acontece a submissão e não o consentimento. Sempre existe no abuso um poder que fragiliza a vítima (força física, relação afetiva, relação familiar, dependência financeira).

O abuso sexual é sempre violento.

> A maioria deles acontece "sem violência física", ou até mesmo sem toque físico. Alguns abusadores se aproximam de crianças demonstrando afeto, carinho, amizade, acolhimento. Acontece, na maioria dos casos, a sensibilização, a manipulação e a tentativa do envolvimento emocional da vítima (SANDERSON, 2005).

Encorajo os leitores a aprofundarem conhecimento sobre o tema consultando a bibliografia a seguir, que proporcionará uma visão mais abrangente e informada sobre a importância da educação sexual na prevenção do abuso infantil.

Além disso, deixo aqui um QR code com o qual você, leitor, poderá ter acesso a perguntas essenciais e observações que devemos ter em relação às crianças e, assim, protegê-las na prevenção do abuso sexual.

Referências

JACOBY, M. *Psicoterapia junguiana e a pesquisa contemporânea com crianças: padrões básicos de intercâmbio emocional.* São Paulo: Paulus, 2010.

ROVINSKI, S. L. R. *Violência sexual contra crianças e adolescentes: testemunho e avaliação psicológica.* São Paulo: Vetor, 2019.

SANDERSON, C. *Abuso sexual em crianças.* São Paulo: M.Books, 2005.

SILVA, M. C. P. (org.). *Sexualidade começa na infância.* Belo Horizonte: Artesã Editora, 2019.

10

ESTRATÉGIAS PARA ESTABELECER VÍNCULO PARENTAL

Neste capítulo, você encontrará estratégias para fortalecer os vínculos parentais, base fundamental para o desenvolvimento saudável das habilidades sociais, cognitivas e emocionais das crianças. Compreenderá o início da formação desses vínculos, métodos para cultivá-los e a relevância do autoconhecimento dos pais nesse percurso.

HELIZA GAROFE

Heliza Garofe

Pedagoga graduada pela UNIRIO (Universidade Federal do Estado do Rio de Janeiro), com pós-graduação em Psicopedagogia Clínica, Institucional e Educação Especial, Neuropsicopedagogia Clínica e Psicanálise com Ênfase na Infância e Adolescência. Certificação Internacional de Educação Parental em Disciplina Positiva pela *Positive Discipline Association* (PDA). Possui mais de 15 anos de experiência dedicados ao estudo do desenvolvimento infantil. Sua jornada na maternidade gemelar enriquece sua prática profissional.

Contatos
garofe.heliza@gmail.com
Instagram: @helizagarofe

O vínculo parental é a conexão emocional que se desenvolve entre pais e filhos desde o nascimento. É uma ligação profunda baseada em amor, confiança, cuidado e compreensão mútua, que se fortalece ao longo do tempo por meio de interações positivas, cuidado consistente e resposta sensível às necessidades emocionais e físicas da criança, proporcionando segurança emocional, contribuindo a sentir-se protegida e amada, mesmo diante de desafios e adversidades. Serve como base para o desenvolvimento saudável das habilidades sociais, emocionais e cognitivas. Uma relação segura com os pais permite que a criança explore o mundo com confiança, sabendo que terá o apoio e o conforto de seus cuidadores.

O amor e o apoio dos pais também são essenciais para promover autoestima e autoconfiança positivas na criança. Ao sentir-se valorizada e apoiada por estes, ela aprende a confiar nas próprias habilidades e capacidades. Além disso, os pais desempenham papel crucial no ensino da regulação emocional. Um vínculo seguro e amoroso permite que ela aprenda a identificar, expressar e lidar com suas emoções de maneira saudável e adaptativa.

Uma criança com uma forte identidade com os pais se sente encorajada a explorar o mundo ao seu redor de maneira segura e confiante. Isso facilita o processo de aprendizado e promove o desenvolvimento cognitivo, motor e criativo. O vínculo parental é essencial para o bem-estar e o desenvolvimento salutar da criança, fornecendo-lhe uma base sólida para explorar o mundo, construir relacionamentos significativos e alcançar seu pleno potencial.

O estabelecimento do relacionamento da criança com os pais se dá por sinais inatos do bebê que demandam proximidade. Com o tempo, um vínculo afetivo genuíno se desenvolve, sendo sustentado pelas habilidades cognitivas e emocionais da criança, bem como pela consistência dos cuidados, pela sensibilidade e responsividade dos cuidadores.

De acordo com a teoria do apego de John Bowlby, um dos seus princípios fundamentais é que as primeiras relações de apego estabelecidas na infância têm impacto no estilo de apego do indivíduo ao longo de sua vida. Segundo o autor, o apego é considerado um mecanismo fundamental nos seres humanos, equiparável em sua importância aos mecanismos de alimentação e sexualidade. Trata-se de um comportamento biologicamente programado, operando como um sistema de controle homeostático, interagindo com outros sistemas comportamentais. Bowlby destaca que o papel do apego na vida humana envolve a percepção de que uma figura de apego está disponível para oferecer respostas, proporcionando um sentimento de segurança que fortalece o vínculo.

A criança constrói um modelo representacional interno de si mesma, dependendo de como foi cuidada. Mais tarde, em sua vida, esse modelo internalizado permite à criança, quando o sentimento é de segurança em relação aos cuidadores, acreditar em si própria, tornar-se independente e explorar sua liberdade. Desse modo, cada indivíduo forma um "projeto" interno a partir das primeiras experiências com as figuras de apego.

Caminhos para começar a desenvolver vínculo parental

No complexo mundo da parentalidade, cada decisão e interação moldam o desenvolvimento dos filhos, e o autoconhecimento emerge como uma bússola essencial, em que o caminho para estabelecer vínculos parentais sólidos e significativos começa dentro de nós mesmos.

Em uma era na qual a ansiedade parental vive uma realidade palpável e as expectativas sobre o papel dos pais são cada vez mais exigentes, torna-se fácil perder de vista a importância de olhar para dentro de nós mesmos, porém é imprescindível compreender que esta jornada não reside apenas sobre nutrir e proteger os filhos, mas também sobre explorar nossas experiências, emoções e padrões de comportamento.

Ao mergulharmos em nosso eu interior, confrontamos não apenas as alegrias e triunfos, senão os medos, as inseguranças e os traumas insolutos de nossa infância. Reconhecer e abraçar esses aspectos é o primeiro passo para estabelecer vínculos parentais autênticos e saudáveis.

Pelo autoconhecimento, começamos a compreender como as experiências pessoais moldam nossas reações e comportamentos como pais. Descobrimos que as cicatrizes emocionais da infância têm o poder de colorir as interações com os filhos, influenciando destarte como expressamos amor e afeto até a maneira como lidamos com conflitos e desafios.

No entanto, o autoconhecimento não é apenas sobre reconhecer vulnerabilidades presentes em nós, é também sobre cultivar uma profunda compreensão de valores próprios, crenças e aspirações como pais. Ao nos comprometermos com essa jornada de autorreflexão, capacitamo-nos a tomar decisões conscientes e compassivas que nutrem o crescimento e o bem-estar de nossos filhos.

Ao olharmos para dentro, confrontamos experiências e emoções pessoais, encontrando a sabedoria e a compaixão necessárias para nutrir os laços profundos e duradouros com os filhos.

Durante meus atendimentos, tenho observado uma dificuldade significativa na conexão entre pais e filhos. O "mau" comportamento das crianças geralmente está associado à necessidade delas de estabelecer conexões emocionais mais profundas com seus pais. É importante compreender que esse comportamento desafiador é, na verdade, um pedido de conexão. Muitas vezes, os pais trazem dificuldades em se relacionar com o filho, apontando diversos comportamentos inadequados, mas raramente refletem sobre a responsabilidade que lhes cabe diante desse comportamento.

Pensando nisso, elaborei oito perguntas que podem ser conduzidas durante as sessões de orientação parental. O educador parental não precisa necessariamente saber a resposta, pois o objetivo é promover um exercício de autorreflexão. É importante ressaltar que não existem respostas certas ou erradas, trata-se simplesmente de explorar a própria jornada como filho e refletir sobre como esse processo interfere na parentalidade.

Quanto mais idealizamos o passado e nos recusamos a reconhecer nossos sofrimentos da infância, mais os passamos inconscientemente para a próxima geração.
Alice Miller

Perguntas para autorreflexão

1. Como foi seu relacionamento com seus pais/cuidadores? Como se sente ao relembrar esses momentos?
2. Como você se vê em comparação a seus pais como modelo de parentalidade? Gostaria de manter ou gostaria de mudar?

3. Você já se percebeu repetindo padrões de comportamento, frases ou palavras que seus pais utilizavam com você? Em caso afirmativo, como se sentiu?
4. Quais comentários pejorativos ouvia quando era criança/adolescente? O quanto influenciam na maneira como lida com seu filho?
5. Quais são os aspectos mais desafiadores da parentalidade para você e como acredita que suas experiências de vida contribuem para esses desafios?
6. Você identifica padrões de comportamento em seus filhos que possam refletir os próprios desafios ou questões não resolvidas na infância?
7. Quais são os princípios e valores que deseja transmitir a seus filhos e de onde esses valores surgem em sua história de vida?
8. Como você reage quando seus filhos desafiam expectativas ou valores? Você consegue reconhecer como suas experiências moldam essas reações?

Daniel Siegel, em *Parentalidade consciente,* nos dá a oportunidade de compreender quanto o autoconhecimento dos pais é fundamental para o desenvolvimento de um apego seguro. Ao entenderem suas experiências e emoções, podem responder de maneira mais sensível e eficaz às necessidades de seus filhos, proporcionando-lhes um ambiente de cuidado e segurança para crescer e se desenvolver.

> Se tivermos questões irresolvidas ou pendentes, é crucial reservar um tempo para refletir sobre nossas reações emocionais aos filhos. Ao entendermos o que se passa conosco, damos aos filhos a chance de desenvolverem o senso de vitalidade e a liberdade de vivenciar seus mundos emocionais sem restrições nem medo (SIEGEL, 2020).

Filho ideal vs. filho real

O filho idealizado é uma construção mental que muitos pais têm antes do nascimento de seus filhos. É a imagem perfeita e idealizada do que esperamos. Ainda na gestação planejamos personalidade, temperamento e características físicas. No entanto, ao longo do tempo, percebemos que o filho real, aquele que nasce e se desenvolve diante de nós, pode ser diferente dessa idealização sendo preciso passar por um processo de aceitação da realidade.

Nos meus atendimentos, utilizo os conceitos a seguir para auxiliar os pais a ter clareza sobre a diferença entre o filho idealizado e o filho real, ajudando-os a aceitar e valorizar seu filho como ele é, não como imaginavam que deveria ser. Essa abordagem promove uma compreensão mais profunda das necessidades e características únicas dos filhos, contribuindo para uma conexão mais genuína e significativa.

Reconhecer e valorizar habilidades e potencialidades: estimular os pais a observarem atentamente interesses e talentos dos filhos, mesmo que sejam diferentes de suas expectativas. Celebrar as conquistas e progressos fortalece a autoestima e a conexão emocional da criança.

Compreender e respeitar sua individualidade: valorizar quem ele é, em vez de tentar moldá-lo para se adequar a uma imagem idealizada. Ao permitir que seja ele mesmo, você estará criando um ambiente de aceitação, amor incondicional e respeito mútuo, fundamentais para seu desenvolvimento emocional e psicológico.

Escuta verdadeira: significa não apenas ouvir as palavras do filho, mas também ouvir com o coração, com empatia e compaixão. É estar presente verdadeiramente para seus pensamentos, sentimentos e experiências, sem julgamento ou pressa.

Momento presente: viver plenamente o momento presente, criando memórias afetivas, fortalecendo o vínculo emocional que os une. São nos pequenos momentos compartilhados, nas risadas e nas lágrimas que encontramos a verdadeira essência da parentalidade.

Incentivar a autoexpressão: permitir que as crianças sejam autênticas e verdadeiras consigo mesmas. Apoiar sonhos, interesses e paixões, mesmo que sejam diferentes dos nossos.

> *Os filhos são como as águias, ensinarás a voar, mas não voarão o teu voo. Ensinarás a sonhar, mas não sonharão os teus sonhos. Ensinarás a viver, mas não viverão a tua vida. Mas em cada voo, em cada sonho e em cada vida, permanecerá para sempre a marca dos ensinamentos recebidos.*
> (Santa Madre Teresa de Calcutá)

Estabelecendo vínculos parentais

Construir e fortalecer laços requer dedicação, compreensão e esforço contínuo. A seguir, orientações da disciplina positiva que mais utilizo em meus atendimentos ao longo desses anos, que auxiliam os pais no fortalecimento dos vínculos parentais.

Ambiente seguro: o ambiente familiar deve ser seguro e acolhedor, evitando brigas e conflitos na presença da criança.

Estabelecer rotinas: criar rotinas diárias que promovam previsibilidade e estabilidade, rotinas consistentes ajudam a criança a desenvolver um senso de segurança e confiança.

Modelagem de comportamento positivo: ser um modelo de comportamento positivo a seguir, demonstrar habilidades sociais e emocionais em interações diárias.

Comunicação aberta e respeitosa: cultivar comunicação aberta, honesta e respeitosa com a criança. Encorajar a expressar pensamentos, sentimentos e opiniões, valorizar contribuições e perspectivas, manter conexão enquanto conversam, estar verdadeiramente presente.

Envolvimento nas tomadas de decisões: envolver a criança nas tomadas de decisão familiares sempre que apropriado, dando-lhe voz e considerando opiniões e preferências. Essa atitude promoverá um senso de responsabilidade e pertencimento à família.

Estímulo à autonomia: encorajar a desenvolver independência e autonomia, permitindo que tome decisões e assuma responsabilidades adequadas à sua idade.

Tempo de qualidade: reservar tempo para passar com o filho, participando de atividades que ele goste, como jogos, passeios ou simples conversas. Se tiver mais de um filho, eventualmente separe um tempo dedicado a cada um.

Amor incondicional: não condicionar o amor pelo filho ao comportamento dele. Deixar claro que, independentemente de suas atitudes, o amor permanecerá constante e inalterado.

Nem sempre é simples para os pais seguir tantas orientações, e muitas vezes, inicialmente, parece que elas não surtem efeito. É importante fazê-los compreender que o processo de conexão é contínuo e que confiar nele é fundamental, e que separar um momento para estar com os filhos significa também dedicar um momento para si, ainda que muitas vezes seja desafiador, pois somos tomados pela rotina.

Acolha as famílias, não as julgue pela sua lente. Para falar sobre vínculo e conexão, esteja conectado com elas e seja um modelo de comportamento positivo.

Costumo dizer às famílias que atendo: "Ao construir uma casa, não se pode começar pelo telhado. A infância é solo fértil, onde semeamos valores que nortearão ações ao longo da vida. Ao prepararmos esse solo, estamos preparando-os para a chegada da adolescência".

Referências

BOWLBY, J. *Apego e perda: a natureza do vínculo*. Vol. 1, São Paulo: Martins Fontes, 2002.

MILLER, A. *A revolta do corpo*. São Paulo: Martins Fontes, 2011.

NELSEN, J. *Disciplina positiva*. 3. ed. Santana de Parnaíba/SP: Manole, 2015.

PERRY, P. *O livro que você gostaria que seus pais tivessem lido*. São Paulo: Fontanar, 2020.

SIEGEL, D. J.; HARTZELL, M. *Parentalidade consciente*. São Paulo: Nversos, 2020.

11

10 MINUTOS VALEM MAIS QUE 10 HORAS QUANDO SE FALA EM CRIAR CONEXÃO COM SEU FILHO

É preciso existir uma conexão entre pais e filhos para que a criança se desenvolva emocional e cognitivamente, para a existência de um ambiente familiar saudável e com a promoção do bem-estar geral da criança. E o tempo de qualidade ajuda nessa conexão.

HERMINIA BRITTO

Herminia Britto

Graduada em Direito e pós-graduada em Gestão Empresarial. Diretora administrativo-financeira por 25 anos. Atualmente, estudante de psicologia, pós-graduada em Educação Parental e Inteligência Emocional pela Unifast/ Academia Parent Brasil. Certificação em *Parent Coaching Expert*, pela Parent Coaching Brasil. Cursando Certificação em Educação Parental Neuroconsciênte pela UniNeuroconsciente. Atua como *coaching* parental.

Contatos
herminiabritto@hotmail.com
Instagram: @herminiabritto
82 98140 4940

De acordo com o Dicionário Michaelis (2008), a palavra "tempo" possui vários significados: uma época, um período ou a idade, um lapso de tempo futuro ou passado, ou ocasião própria para um determinado ato, ensejo, oportunidade... Se formos questionar o que é tempo para um físico ou um filósofo, com certeza teremos respostas distintas, mas nem por isso erradas.

Muitas vezes, os pais acham que passam tempo com seus filhos e até o fazem. Porém, para os filhos, aquele tempo não existe, não é significativo, não cria laços nem conexões. É preciso que os pais saibam que, muito mais importante do que a quantidade de tempo para a criança, o que importa é a qualidade dele.

É sobre o tempo de qualidade que falarei, sobre o quanto é importante a qualidade da interação nesse período para o relacionamento entre pais e filhos

Tempo de qualidade

Tempo de qualidade é usar aquele intervalo que você tem com seu filho para se conectar com ele, é separar aquele momento para estar presente, ouvir o que seu filho tem a dizer, ter uma conversa mútua e procurar nessa conversa transmitir valores, respeito e amor naturalmente.

Para se conectar com seu filho, é necessário que esteja 100% presente naquele momento, esqueça o mundo externo e concentre sua atenção no "aqui e agora", use os cincos sentidos nessa hora, perceba, entenda e compreenda seu filho, não julgue, procure ver o lado dele. Você é o adulto da relação, já tem seu cérebro formado, ele está em formação, então precisa ser entendido para ser orientado. Essa é a importância do tempo de qualidade na formação da criança.

É o momento em que se cria vínculos emocionais fortes e positivos e a criança aprende a construir habilidades sociais, cognitivas e emocionais. "O cérebro cresce nos relacionamentos. Quando a criança interage com um cuidador que está focado nela, isso ajuda a aumentar as conexões entre as células cerebrais" (ABRAHÃO, 2022, p. 128).

Ache o tempo

Sei que vivemos em um mundo corrido, que os dias deveriam ter 36 horas. Entendo e vivo neste mundo, mas parar um pouco, respirar e encontrar na rotina um tempo que será dedicado ao momento com seu filho é de vital importância para ambos. Esse tempo pode ser 10, 15 minutos por dia, não importa a quantidade, mas sim a qualidade, como já foi falado aqui.

Você pode encontrar esse tempo na sua rotina, no seu dia a dia, nos momentos mais triviais, não precisa ser nada elaborado ou estabelecido, é preciso apenas ter conexão.

Vou compartilhar com vocês duas experiências: uma como filha e outra como mãe. Meu pai era quem me levava para a escola e, durante o percurso, não tinha rádio nem celular, então era ali no carro que eu, meu pai e minha irmã nos conectávamos. Hoje entendo por que tenho um sentimento tão bom das idas à escola.

Então, me tornei mãe e, para mim, era muito importante levar meus filhos para a escola. Nesse momento, aproveitava para rezar com eles; depois, procurava ouvir o que eles tinham a dizer, perguntava, queria ouvir a resposta e demonstrava meu interesse. Meu desejo era compartilhar com eles o mesmo sentimento que eu tenho até hoje das minhas idas à escola. E deu certo!

Procure seu tempo. Veja qual momento você tem para estar 100% presente e comprometido(a) em partilhar aquele período com seu filho. Cada pessoa tem sua realidade, não é uma tarefa fácil, eu sei, mas comece, estabeleça qual será o momento, não fique só no "eu deveria...", entre em ação. Com a prática, você vai sentir o quanto é gratificante e maravilhoso estarem conectados.

Algumas dicas

Vocês podem aproveitar esse tempo de diversas maneiras, o mais importante é que seja um momento conjunto, no qual os dois estarão envolvidos, fazendo algo que agrade a ambos, de comum acordo, como cozinhar, jogar, ler um livro, passear ao ar livre, entre tantas outras coisas.

Nessa hora use a escuta ativa, não julgue, entenda o que seu filho quer dizer, pergunte sobre os sentimentos dele, sobre opiniões, sobre os amigos, sobre os interesses dele.

Uma dica é não fazer perguntas de *sim* ou *não*, é preciso questionar e alimentar o diálogo. Quando ele disser algo que você não compreende, diga que não entendeu e peça que repita ou explique melhor. Repetir o que seu filho falou é uma maneira de mostrar que está prestando atenção e que entendeu o que ele queria dizer.

Demonstre afeto, não só com abraços e beijos, mas também com elogios, reconhecimentos, apoio, compreensão e respeito aos limites e necessidades especiais que ele possui. Todos nós temos limites e necessidades especiais e precisam ser respeitados.

Trabalhar a independência e a confiança de seu filho nessa hora é muito importante. Deixe que ele faça escolhas, mas lembre-se de que você é o adulto e precisa orientá-lo.

O mais importante é lembrar que esse tempo é de vocês e que nada nem ninguém poderá interferir. Essa é a regra. Porém, pode haver algum dia, por algum motivo excepcional, alguma exceção, e essa é mais uma oportunidade de aprendizado para seu filho. Use a situação esporádica para explicá-lo que imprevistos acontecem e que devemos aprender a contorná-los.

Conclusão

A presença física não é o suficiente para suprir as necessidades emocionais das crianças. É necessário mais que a simples figura do adulto – é preciso estar emocionalmente disponível, sem distrações. Então, de nada adianta passar o dia inteiro com a criança se não existiu um momento de conexão entre vocês. Nesse caso, 10 minutos valem mais que 10 horas.

Para encerrar, quero deixar uma frase da Maya Eigenmann: "Seus filhos não precisam que você seja perfeito. Eles precisam que você seja consciente do que faz e que se comprometa a melhorar, um passo de cada vez. Então, concentre-se na redução de danos" (EIGENMANN, 2023, p. 30).

Referências

ABRAHÃO, T. *Educar é um ato de amor, mas também é ciência*. São Paulo: Literare Books Internacional, 2022.

DOLTO, F. *Quando os filhos precisam dos pais*. São Paulo: Martins Fontes, 2008.

EIGENMANN, M. *Pais feridos, filhos sobreviventes: e como quebrar este ciclo*. Bauru, SP: Astral Cultural, 2023.

MICHAELIS. *Dicionário escolar da língua portuguesa*. São Paulo: Editora Melhoramentos, 2008.

12

DESENVOLVENDO AS HABILIDADES PROFISSIONAIS

Nesta etapa da formação do educador parental, exploramos as sombras que permeiam o desenvolvimento de habilidades cruciais, abordando aspectos técnicos e emocionais. O capítulo inspira a superar autocríticas, cultivar empatia e transformar conflitos em oportunidades, enquanto destaca a importância do reconhecimento e do atendimento das próprias necessidades para promover o desenvolvimento de habilidades genuíno e transformador.

JACQUELINE VILELA

Jacqueline Vilela

Psicanalista, palestrante e CEO da Academia Parent Brasil. Formada em *Parent Coaching* pela ACPI – Academy for Coaching Parents International (EUA). Certificada em Parentalidade Consciente pela The Parent Coaching Academy (UK). Facilitadora em Parentalidade Consciente pela Life Training – Portugal. Fundadora da Parent Brasil, empresa pioneira em formação completa em educação parental pelo método SER, com 95% de resultados e transformação de centenas de famílias brasileiras. Coidealizadora do Congresso Internacional de Educação Parental. Autora dos Livros: *Meu Filho Cresceu e Agora?*, para pais com filhos adolescentes; *Pare o Mundo que Eu Quero Descer*, sobre a escolha profissional; *Detox Digital*, para pais, profissionais e líderes educacionais.

Contatos
https://parentcoachingbrasil.com.br/
contato@jacquelinevilela.com.br
Instagram: @jacqvilela
11 99696 0373

Para começo de conversa

A educação parental é uma profissão nova, que ano após ano constrói diretrizes, campo de atuação e código de ética.

Posso afirmar que a maioria (e este pode ser seu caso) encontrou seu Ikigai, termo japonês que descreve a razão pela qual alguém levanta da cama todos os dias, ou seja, a motivação para viver. De fato, sou apaixonada e movida por um desejo genuíno de ajudar famílias.

Segundo uma pesquisa da SurveyMonkey, 64,24% das pessoas desejam fazer algo diferente para serem mais felizes. Assim, é extraordinário construir uma profissão que promova a saúde familiar, trazendo ao mesmo tempo felicidade pessoal e realização profissional.

Se o requisito "paixão pelo que faz" é realmente um diferencial para o educador parental, por que grande parte não consegue se estabilizar na carreira? Este capítulo explora razões e reflexões sobre esse fenômeno, oferecendo *insights* valiosos para sua jornada no desenvolvimento realmente essencial para a prosperidade pessoal e profissional.

Vamos falar sobre suas habilidades?

Começaremos com o significado de habilidades: *o grau de competência para dispor de seu conhecimento e torná-lo uma ação favorável.*

É comum concentrarmos nossa atenção em listas técnicas de habilidades profissionais a desenvolver, porém negligenciamos as nuances que envolvem a aplicação dessas habilidades no dia a dia. Neste capítulo, não busco criar uma lista exaustiva do que é necessário fazer. Meu objetivo é identificar as barreiras que impedem os profissionais de, verdadeiramente, desenvolverem habilidades. Vamos explorar as sombras que obscurecem esse processo de crescimento e aprimoramento.

Habilidade técnica ou sobre si mesmo?

É conhecido que os educadores parentais precisam se instruir e adquirir conhecimento sólido e científico para exercer sua profissão de forma ética e eficaz.

Entretanto, surge uma sombra nessa habilidade, que chamo de "A maldição do conhecimento". Muitos educadores parentais se encontram nessa situação, possuindo o conhecimento, mas lutando para colocá-lo em prática. Eles enfrentam angústias como: "Sempre sinto que preciso estudar mais", "Sofro da síndrome do impostor" ou "Me sinto uma fraude".

Perceba que dominar a habilidade técnica do conhecimento não garante a fluidez na profissão. O que realmente importa é desenvolver a habilidade comportamental, que está mais ligada a atitudes e emoções.

É tempo de parar de correr

Uma vez ouvi: "*It's time to stop running*", que significa: "*É hora de parar de correr*". Estamos agitados, cheios de conhecimentos e ideias, mas também paralisados.

Aprendi que empreender e ser educadora parental é a melhor escola de desenvolvimento de habilidades. É preciso negociar harmoniosamente com nossa história e limitações, aceitar o desconhecido e abraçar a vulnerabilidade.

Existe uma tradição hinduísta chamada *dharma*, que significa honrar as características de sua natureza para trazer ao mundo seu melhor. Essa palavra me acompanha ao longo da construção das minhas habilidades profissionais como educadora parental. Quando tudo fica bagunçado e a vida me puxa para um redemoinho de ter que fazer ou parecer ser, volto para a pergunta essencial: "O que é importante para mim nesse momento? Quem sou eu? Com quem desejo contribuir?"

E a mais importante: *O que estou fazendo, que não faz parte da minha essência, só pelo desejo de pertencer?*

Habilidades de comunicação, empatia e resolução de conflitos

É esperado que o educador parental estude e aprenda técnicas de comunicação não violenta e mais amorosa para que possa conduzir os pais na jornada. Nesse quesito, diversas abordagens dão conta de entregar técnicas científicas de resultado. Provavelmente, você tem uma série delas.

Os educadores parentais habilidosos são mestres na arte de ouvir ativamente, compreender as emoções e responder com empatia. Eles ajudam a família a criar um ambiente em que os filhos se sentem seguros para expressar pensamentos e sentimentos, promovendo um diálogo aberto e honesto que fortalece os laços familiares.

O ponto sombra dessa habilidade é: a comunicação violenta interna e a falta de empatia pessoal. Na minha trajetória, percebi que não era raro ser superempática com as outras pessoas, aplicar a CNV em conversas com meu cliente, mas ser extremamente dura comigo mesma, e não empática com meus erros e com minhas limitações.

Se a habilidade de entender o próprio crítico interno e agir sobre ele não for desenvolvida, a paralisia causada pelo perfeccionismo ou pela síndrome do impostor virá com força total.

Igualmente são as técnicas de resolução de conflitos. Sabemos que um fator determinante para que a dinâmica de uma família mude é aprender maneiras de identificar, expressar e atender as necessidades de cada membro. Conflitos são inevitáveis em qualquer relacionamento, mas como os pais lidam com eles pode fazer toda a diferença. Os educadores parentais encaram os conflitos como oportunidades de crescimento, desenvolvendo habilidades nos pais de resolução de problemas, respeito mútuo e compreensão. Eles mostram que é possível resolver divergências de modo construtivo, sem comprometer o vínculo familiar.

O que o educador parental muitas vezes esquece de desenvolver é a capacidade de identificar e satisfazer as próprias necessidades, de modo a nutrir um autocuidado genuíno e impulsionador. **São os nossos conflitos internos que nos paralisam.** Para isso, é preciso consciência e uma boa dose de autocompaixão.

As tecnologias que fascinam e afastam

Poder atender de qualquer lugar, clientes até de outros países, é fascinante. Se antes o profissional relatava a dificuldade para ser reconhecido na sua região, o uso de plataformas educativas tornou possível romper barreiras e chegar muito mais longe, sem sair de casa. Ao adotar essas plataformas, podemos alcançar um público mais amplo e diversificado, rompendo barreiras geográficas.

Com os recursos tecnológicos, torna-se possível disponibilizar materiais didáticos, aulas gravadas e atividades interativas on-line, aplicar ferramentas e fazer atendimentos completos.

Esse é um ponto sombra sobre o qual diversos educadores parentais relatam dificuldades, tanto de desenvolvimento de habilidades técnicas (inabilidade tecnológica) quanto de habilidades comportamentais (como usar a seu favor).

Lutar contra o fato de que é preciso ter um perfil atrativo nas redes sociais não é produtivo. No entanto, sair do extremo de que será preciso se tornar escravo dessas redes é libertador.

O ponto sombra dessa habilidade é não saber mapear exatamente as prioridades em cada ponto de sua jornada. Se é iniciante, o que é preciso para começar? Se é intermediário, o que é preciso para avançar? Se é avançado, o que é preciso para expandir a mensagem e atrair cada vez mais clientes potenciais?

Diante de tantas oportunidades tecnológicas, não há uma única resposta que ajude todos os educadores parentais. É preciso focar no próximo passo, no próximo recurso. Pensar em fazer vídeos e produzir conteúdos todos os dias paralisa muita gente, mas pensar em construir um caminho menor e, aos poucos, ir produzindo conteúdo, é mais aceitável e possível.

Se o vídeo te assusta, que tal escrever para alguma revista eletrônica? Elaborar um e-book? Fazer uma aula ao vivo e gravar? Aos poucos, desenvolver uma intimidade saudável com as tecnologias é necessário. Sair do discurso pronto sobre: "Eu não gosto de exposição", "Eu não sou blogueira(o)" e entrar no *modus operandis* de fazer o que precisa ser feito para que a mensagem impacte as famílias.

Nem tudo o que aprendemos e fazemos no mercado formal de trabalho é prazeroso e fácil, por que na educação parental seria diferente?

A formação do educador parental

Um dos pontos mais importantes para desenvolver as habilidades é se formar no nicho de modo sério e responsável. Por ser uma profissão nova, cuidar da maneira como o conhecimento em educação parental é propagado torna-se responsabilidade de todos os que ingressam nessa área.

O termo *educação parental* tornou-se popular nos últimos anos e ainda não há um parâmetro que determine as diretrizes e abordagens necessárias. No entanto, existem empresas que estão liderando esse movimento, pesquisando tendências, melhores práticas e acompanhando o fluxo de projetos junto aos órgãos públicos.

Ao escolher uma formação, o educador parental deve considerar:

- O público-alvo e suas necessidades.
- Objetivos pessoais e profissionais na educação parental;
- áreas que precisam de desenvolvimento para alcançar metas de carreira.
- A abordagem mais adequada aos objetivos.
- A reputação e a experiência da instituição escolhida.

Infelizmente, muitos profissionais cometem o equívoco de apenas comparar conteúdos programáticos ao considerar cursos. Recebemos perguntas como: "Qual a diferença do seu curso para este outro?"

A pergunta relevante seria: "O que eu preciso, onde quero chegar e qual formação me oferecerá mais embasamento e suporte para alcançar meus objetivos?"

Além disso, é importante destacar que cursos de finais de semana não formam educadores parentais integralmente. Eles podem trazer clareza sobre um tópico específico, aprofundar abordagens ou complementar o trabalho, mas não proporcionam a profundidade necessária para causar transformações seguras nas famílias.

O desenvolvimento de habilidades é sempre contínuo, claro, mas toda profissão requer uma escala lógica de prioridades. Para quem está começando, é necessária uma formação mais aprofundada, que dê parâmetros essenciais para o início da atuação. Para quem já é educador parental, é necessário outro tipo de aprofundamento, que diz respeito ao nicho escolhido, aos recursos que complementam o atendimento e geram mais resultados.

Resultados: o desaguar do educador parental

Por falar em resultados, é mandatório aprender sobre avaliação de resultados e adotar um parâmetro de medição.

A habilidade do educador parental passa por entender que é uma profissão diretamente ligada à prática; sem ela, o conhecimento se torna obsoleto. Se o objetivo é ajudar famílias, o educador parental precisa medir quais resultados efetivos gera e qual o impacto de seu trabalho na vida dessas famílias.

A medição pode ser feita por dois caminhos: a instituição que certifica o profissional deve ser capaz de gerar essa análise de resultados, pois isso determina se o método é seguro e confiável, e o educador parental se compromete a gerar os próprios resultados pessoais, comparando a média da instituição, o que contribuirá para seu desenvolvimento pessoal.

Nas inúmeras pesquisas internas que realizei, constatei que, quanto mais o profissional atende com uma abordagem adequada, mais potentes são os resultados e maior é a valorização de seu trabalho.

Se o objetivo é desenvolver um projeto próprio, é preciso estabelecer regras para a medição dos resultados na aplicação e, posteriormente, ir a campo para aplicar, medir e ajustar o projeto, se necessário, para que o objetivo seja alcançado.

O que o futuro nos reserva

Eu acredito na educação parental como um meio de resgate das dinâmicas familiares mais saudáveis. Acredito também que as famílias possuem o que precisam para criar dinâmicas mais saudáveis, apenas estão mais perdidas pelo excesso de informação.

Costumo dizer nos meus cursos de formação em educação parental que nosso papel é transformar uma família por vez, a começar pela nossa.

Todos os dias, pessoas nascem, bebês viram crianças, crianças crescem e viram adolescentes, casais entram em crise, filhos saem de casa. As tecnologias ficarão mais avançadas, e o modo de se relacionar em família e comunidade se tornará mais complexo.

Sempre serão necessários educadores parentais para ajudar as famílias a lidarem com tantos desafios. E cabe a nós cuidarmos dessa profissão com ética e cuidado, para que o mercado cresça de maneira positiva.

O objetivo futuro para a educação parental é que ela se torne política pública no Brasil, é que os governos cuidem da saúde das famílias e invistam cada vez mais em programas eficientes. É a regulamentação da profissão, o aumento dos estudos e a produção científica para consolidar os resultados e a relevância.

Como o livro transcende as limitações do tempo, se nesse momento de leitura o objetivo da educação parental ainda não se concretizou, empenhe-se incansavelmente para alcançá-lo. Se, por outro lado, este futuro já se tornou realidade, que maravilha! Espero que a sociedade tenha se transformado em um lugar melhor e que as famílias desfrutem de uma saúde ainda mais vibrante.

Que cada página deste livro nos inspire a construir um mundo onde o amor e o cuidado familiar sejam os alicerces de uma sociedade mais harmoniosa e plena.

Referências

DALIO, R. *Princípios.* Rio de Janeiro: Intrínseca, 2017.

MUNDORH. *90% dos brasileiros estão infelizes no trabalho.* Disponível em: <https://www.mundorh.com.br/90-dos-brasileiros-estao-infelizes-no-trabalho/>. Acesso em: 23 maio de 2024.

13

A EMPATIA E A ESCUTA ATIVA

Neste capítulo, vamos abordar a importância de construir um interesse genuíno nos atendimentos de pais e cuidadores, para que se sintam à vontade de compartilhar sentimentos, medos, pensamentos e promover um ambiente seguro e acolhedor, seguindo, como base, a relevância para a criação do vínculo entre pais e filhos.

JOANA QUINTELLA
RENATA JANNUZZI

Joana Quintella

Especialista em psicologia da educação e saúde mental, jornalista, técnica em ação educativa no Instituto de Especialização e Formação Profissional, formação em Inteligência Emocional e analista comportamental pelo Instituto Técnico de Inovação, em Portugal. Educadora parental e educadora emocional de crianças e adolescentes pela Parent Coach Brasil.

Contatos
contatoespacoacolhimento@gmail.com
quintellajoana@gmail.com
Instagram: @espacoacolhimento

Renata Jannuzzi

Psicóloga, *Master of Business Administration* em Gestão de Pessoas pela FGV, mestre em Psicologia da Saúde e Neuropsicologia pela Universidade de Aveiro, pós-graduação em terapia cognitivo-comportamental, educadora parental e educadora emocional de crianças e adolescentes e formação em Inteligência Emocional e *Coaching* Motivacional no Instituto Técnico de Inovação em Portugal.

Contatos
contatoespacoacolhimento@gmail.com
r.bloisejannuzzi@gmail.com
Instagram: @espacoacolhimento

Vamos trazer duas habilidades fundamentais e decisivas para todos os profissionais que desejam sucesso em seus atendimentos: a empatia e a escuta ativa – os pilares para se obter um atendimento de qualidade realmente eficiente e respeitoso. Ambos são também essenciais nas relações humanas. Para isso, falaremos de sua importância dentro das dinâmicas familiares.

Muito se escuta falar sobre empatia e a falta dela, mas o que de fato é ter essa qualidade? A empatia é a compreensão respeitosa do que os outros estão vivenciando. É deixar de lado os julgamentos precipitados e se colocar no lugar da outra pessoa. Ter empatia é, antes de tudo, ser um bom ouvinte e observador. É ter a sensibilidade de entender a história de vida de cada família e compreender a dinâmica e a relação de cada um.

É perceber que cada família que chega até você é única e traz a própria realidade e, assim, conseguir deixar de lado pensamentos individualistas: "Se eu fosse você, eu faria...", "Eu falaria de outro jeito.", "Você não poderia ter feito isso". Não se trata de como você faria ou do modo como você pensa se estivesse na situação da outra pessoa. É se colocar no lugar dela e entender como ela pensa diante daquilo que está vivenciando e conseguir reformular a questão com a mudança de pensamentos mais empáticos: "Com tudo isso que está acontecendo, posso compreender por estar se sentindo assim" e "O que é possível para você nesse momento?"

É estar verdadeiramente interessado em conhecer a realidade do outro e tudo o que ele comunica, inclusive o que não é dito. É também estar atento aos sinais não verbais, como um tom de voz alterado ou um olhar carregado de tristeza. A empatia é uma habilidade socioemocional fundamental para o terapeuta, seja qual for a abordagem. Quanto mais tiver essa habilidade de se colocar no lugar do outro, mais efeito e resultado ele vai produzir.

Existem vários pensamentos e definições de empatia, o psicólogo Daniel Goleman, autor do famoso livro *O cérebro e a inteligência emocional: novas perspectivas*, apresenta três tipos ou subgrupos para categorizar a empatia. A empatia cognitiva diz respeito à habilidade de compreensão sobre como a outra pessoa se sente e até o que está pensando: "Posso entender sua perspectiva". É a compreensão de que as pessoas pensam e reagem de maneiras diferentes. Não necessariamente precisam compartilhar da mesma opinião.

A empatia cognitiva geralmente ocorre na infância, quando a criança começa a entender que seus cuidadores têm pontos de vista diferentes do seu. Já a empatia emocional ou afetiva é a capacidade de compartilhar os sentimentos com o outro. Algumas pessoas relatam que nessa forma de reconhecimento sensorial sentiram a dor do outro fisicamente. "Eu sinto com você". Ela exige um alto quociente emocional e um cuidado para não levar ao esgotamento mental. E por último, a empatia compassiva ou preocupação empática, que representa a união das duas anteriores. Está além da compreensão e compartilhamento de emoções. É a pessoa pronta a prestar ajuda e ir junto à resolução do problema.

Para exemplificar esses três tipos de empatia, vamos imaginar que durante um atendimento on-line de uma mãe sem rede de apoio e com alto nível de exaustão, o filho começa a chorar intensamente. Já foram feitas remarcações devido ao mesmo problema, como durante o sono da tarde da criança e no período da noite. A empatia cognitiva faz que a terapeuta consiga compreender as razões do comportamento daquela criança que precisa da atenção da mãe e da mãe não estar conseguindo dar conta das duas coisas nesse contexto. Já a empatia emocional faz que a terapeuta sinta compaixão por ela e fique inconformada por mães sem rede de apoio. Já a empatia compassiva envolve a ação, fazendo a terapeuta acolher essa mãe e buscar outras soluções com ela.

Muitas vezes, a pessoa que está ali adiante não está querendo conselhos e encorajamentos, e sim conexão. De acordo com Augusto Cury, referência em educação socioemocional, trata-se de uma das funções mais importantes da inteligência, uma vez que propicia a compreensão e o conhecimento de nossos próprios sentimentos e dos outros. A empatia estimula a reciprocidade e a interconectividade, além de melhorar nossa comunicação pessoal e social. Uma vez entendida como função da inteligência humana, a empatia diz respeito, antes de tudo, ao gerenciamento das emoções.

Ao tratarmos dessas questões com os pais, é necessário que tenhamos muito cuidado e atenção para que eles não se sintam provocados ou desconfortáveis como se estivéssemos culpando-os. Sabemos que é difícil olhar para as próprias atitudes dentro da dinâmica familiar como uma forma de autorresponsabilidade. Esses pais não querem estar na posição que contribuiu para o filho estar no lugar de dor, podendo surgir um sentimento de culpa nesses pais. Devemos acolher e ajudar a não ficarem nesse lugar. A empatia nesse momento é crucial. É extremamente necessário que o profissional que está lidando com esses pais mantenha o coração aberto para ajudar a recuperar a capacidade de restabelecer vínculos.

Os filhos têm a necessidade básica de um vínculo afetivo seguro, no qual possam viver e se expressar com liberdade, mas que, por inúmeras razões – inclusive a falta de informação, o quebramos, com falas e atitudes sem empatia. Você voltaria a desabafar com uma pessoa que, ao compartilhar algo pessoal, minimizou seu problema ou sua dor? Talvez essa atitude seja um grande motivo de afastamento dos filhos perante os pais. Quem trabalha com crianças e adolescentes diria que, pelo menos algumas vezes, já se deparou com essa situação: "Minha mãe perguntou por que eu estava tão calada. Expliquei que tinha brigado com a minha amiga e que esse era o motivo de estar quieta e chateada. Mas logo que compartilhei, ouvi que aquilo não era motivo suficiente para eu estar daquele jeito e que eu não precisava me sentir assim por causa daquilo. Quando eu tiver uma casa para sustentar, contas a pagar, saberei realmente o que são problemas."

Será que ela voltou a falar as angústias e os problemas para a mãe? Em contrapartida, também ouvimos pais afirmando que não sabem mais nada da vida dos filhos, que não compartilham nada. Possivelmente essa comunicação e confiança foram quebradas diante de julgamentos e falta de compreensão. É nesse momento de troca entre profissional e pais que se percebe diálogos que causam afastamentos. É fundamental estar atento para promover o resgate da conexão nas famílias. A empatia diminui os conflitos e melhora nossa comunicação com os filhos, contribuindo para a construção de relações mais saudáveis e para a saúde emocional deles, tornando a convivência mais leve.

Precisamos sentir empatia para dar empatia. Quando percebemos que não estamos sendo capazes de oferecer empatia na nossa relação com o outro, seja com os filhos ou não, precisamos parar, respirar e dar-nos um tempo. Quando falamos de empatia, não se trata somente de agradar e tratar o outro da maneira que ele espera, isso poderia ferir nossos próprios instintos. Não é o "querer agradar", estamos falando de compreensão, de sensibilidade, de ser verdadeiramente afetivo com o sentimento do próximo, sem que isso interfira nos próprios valores. "Não há nada que tenha que dizer a seu filho, a si próprio ou a outra pessoa qualquer que não possa ser dito com respeito, igual valor e autenticidade. Assuma a total responsabilidade pela sua comunicação" (ÖVÉN, 2021).

Outro caminho para fortalecer a relação é a escuta ativa: a capacidade de saber ouvir com alto grau de atenção. É a maneira de demonstrar verdadeiro interesse pelo que a pessoa está falando. É o olhar nos olhos, sem interrupção, não se distrair com o que está à volta. É um movimento de estar disponível, estar por inteiro, de dar amor e de querer ajudar. A escuta ativa facilita a comunicação e a empatia. É útil não só para promover a capacidade de expressar emoções ou argumentos, ela importa para saber ouvir, perceber as razões e sentimentos dos outros.

O psicólogo e doutor Edward Tronick realizou o experimento chamado *Paradigma do rosto imóvel*, que mostrou o quão necessária é a conexão do adulto cuidador com a criança. O tempo que o adulto deixa de olhar para a criança enquanto ela fala e não dá atenção quando ela chama é tempo suficiente para deixá-la angustiada e causar alterações fisiológicas. Isso ocorre pelo fato de sermos seres mamíferos e feitos para nos conectarmos com as pessoas da nossa espécie. Necessitamos de troca de olhares e saber que o outro, de fato, nos enxerga e nos vê. Precisamos saber que somos pertencentes.

Quando essa conexão não acontece, há uma sensação de inadequação, de insuficiência e a criança pensa: "Será que eu não sou importante o suficiente para ser vista por essa pessoa?" Sabemos o quanto é difícil estarmos 100% do tempo conectados com nossos filhos, mas é importante indagarmos: "Será que a nossa criança tem a certeza de que ela é enxergada e vista por nós?"

O mesmo acontece na relação entre adultos. Seja marido e mulher, entre amigos ou em uma consulta com um médico, psicólogo, profissionais em geral. Imagine que, durante um atendimento, o terapeuta fique olhando o celular, o relógio, demonstrando não estar atento plenamente ao que é compartilhado. Será que o paciente vai se sentir com vontade em dar continuidade ao acompanhamento com esse profissional?

A prática da escuta ativa inclui também não fazer interrupções, permitindo que a pessoa consiga completar seu raciocínio. Você já passou por situações em que não terminou a pergunta e a pessoa com quem estava falando já veio com uma resposta? Isso é muito desagradável e pode demonstrar que você quer terminar logo aquela conversa, sem atenção ao que lhe está sendo dito. Como já dissemos anteriormente, durante essa escuta minuciosa que o terapeuta deve ter com seu paciente, é essencial que ele fique atento aos detalhes que também não são ditos. A alteração da voz, o modo como seu paciente gesticula, o olhar que muito diz, tudo isso são pistas que devemos perceber que determinado assunto pode estar tocando em alguma ferida emocional e causando uma reação inconsciente ou inesperada.

Por esse motivo, é muito importante estar atento, pois é comum que muitas vezes vamos ter que lidar com pais/cuidadores que, ao tentarem ajudar seus filhos, estarão na verdade precisando de ajuda para olharem para si mesmos. Muitos filhos, em alguma determinada fase da vida acabam perdendo o diálogo com seus pais por medo de não serem compreendidos. Isso acontece porque acreditam que ser compreendido é o mesmo que ser amado. É muito difícil para alguns pais compreenderem seus filhos, porque eles próprios têm feridas emocionais não aceitas e não compreendidas. É aquele pai que sempre interrompe quando o filho está falando, diz que já sabe o que vai dizer: "Nem precisa continuar porque eu já sei o que você vai dizer!"

O filho, quando vai contar algo aos pais, estão sempre com pressa, nem sequer há uma troca de olhar. E mesmo que olhem para o filho, não estão envolvidos com a situação, não estão entregues de verdade. Fazem um comentário qualquer e seguem com suas tarefas. Qualquer filho percebe quando não há conexão. Por que será que muitos pais não conseguem se entregar de verdade? É esse o momento que temos que ter o olhar mais empático e acolhedor possível, pois esse adulto está gritando por ajuda também. Algo que lhe faltou lá atrás que o impede de dar no presente e, na maioria dos casos, nem sabe. O terapeuta precisa estar ali para que possa identificar as necessidades, validar os sentimentos e cuidar da criança ferida desse adulto cuidador.

Para Jorge G. Filho, em seu livro *A pedra de toque da comunicação*, escutar de forma eficaz é muito importante em uma interlocução, é crucial para uma comunicação saudável, tanto quanto o pensamento crítico e imprescindível no que diz respeito à resolução de problemas. "O poder e o impacto de escutar com qualidade é um aspecto fundamental da boa interlocução que tem sido subestimado e negligenciado por profissionais de todas as áreas".

Outro exemplo que nos ajuda a compreender sobre a importância da consciência das nossas reações emocionais durante a escuta ativa é usarmos um tom de voz relativamente baixo ou até mesmo seguirmos ouvindo o outro sem falar uma palavra, ou seja, não está gritando nem interrompendo mas, ao mesmo tempo, os olhos estão cheios de fúria e com os dentes cerrados. Será que estamos promovendo uma comunicação eficaz?

Como ouvinte, é preciso fazer uma reflexão de tudo aquilo que está sendo dito e fazer perguntas esclarecedoras para que não fiquem dúvidas. Algumas dicas que podem ser úteis para ajudar na compreensão do que está sendo ouvido por você e na maneira como vai dar esse *feedback* são, antes de tudo, entender quais são as necessidades do paciente, o porquê dele ter procurado ajuda, o que o motivou a fazer isso, o que ele espera que aconteça, entender seus valores e o que é importante para ele.

Durante o diálogo, utilize uma linguagem corporal positiva e compreensiva, tanto nos gestos quanto no tom de voz, de modo a deixar claro que você realmente está interessado no assunto. Ao final, coloque de forma objetiva como foram interpretadas as informações, se necessário. Certifique-se novamente fazendo perguntas do tipo: "Foi isso que quis dizer quando disse...?", "O que você quer dizer quando fala que...?". Sempre tentando deixar mensagens construtivas e incentivadoras. Lembre-se de que a pessoa que está indo até você precisa de ajuda. Seja complacente.

Você, profissional que trabalha ou pretende trabalhar orientando famílias, o primeiro passo é fazer uma reflexão sobre si mesmo. Voltar em situações já vivenciadas anteriormente, seja em um atendimento ou um diálogo em que um(a) amigo(a) compartilhou algo pessoal. Faça perguntas como: "Sou uma pessoa empática?" "Consigo ouvir atentamente, sem interrupção e sem julgamentos?" "E dentro de casa, sou um bom ouvinte?" "Tenho empatia com meus familiares?" São diversas perguntas que devemos fazer para darmos o próximo passo. Afinal, se considerar que precisa melhorar, há solução.

Saber ouvir é uma habilidade que é desenvolvida com o tempo e a prática. Embora pareça que todos ouvimos os outros, nem todos o fazem da maneira adequada. A melhor maneira de fazer uso dessas habilidades é ter o cuidado na hora de se comunicar com as famílias que estão vivendo estresse psicológico e emocional. Como vimos, a escuta ativa é uma estratégia de comunicação essencial para a compreensão da família, é uma das habilidades mais importantes da Inteligência Emocional e está diretamente ligada com o contato visual da empatia.

Enquanto tivermos nossas crenças pessoais diretamente ligadas àquilo que ouvimos, mais difícil será desvincularmos os julgamentos. Se quer conseguir dar um bom retorno nos seus atendimentos e atender de modo eficaz o que o outro precisa, a empatia e a escuta ativa são essenciais. Só com empatia somos capazes de verdadeiramente enxergarmos a alma do outro e respeitar o tempo, a história e o espaço de cada um. Entender que pessoas carregam diferentes tipos de dores e que cada ser humano vai conseguir lidar com tudo o que está à sua volta de forma única.

O que será fácil para uns pode custar muito para outros e isso não é um problema. Você é um facilitador que está ali auxiliando e contribuindo para que uma transformação aconteça. Desejamos que você tenha muito sucesso pessoal e profissional e que leve esperança para a vida daqueles que cruzam nesta linda e grandiosa jornada.

"Conheça todas as teorias, domine todas as técnicas, mas ao tocar uma alma humana, seja apenas outra alma humana."
(Carl Jung)

Referências

GOLEMAN, D. *O cérebro e a inteligência emocional: novas perspectivas*. Rio de Janeiro: Objetiva, 2012.

ÖVÉN, M. *Caderno da família feliz: mindfulness e parentalidade consciente*. Porto: Albatroz, 2021.

VALLE FILHO, J. G. C. do. *Escuta ativa: a "Pedra do Toque" da comunicação*. Joinville/SC: Clube dos Autores, 2023.

14

INSPIRANDO A PRÓXIMA GERAÇÃO DE EDUCADORES PARENTAIS

PRESERVANDO A INFÂNCIA

Ser um educador parental é a nossa porta de entrada para as melhores vivências de apoio à família. Precisamos de muita técnica, sem esquecer a frase que recebo dos meus queridos clientes: "Conheça todas as teorias, domine todas as técnicas, mas ao tocar uma alma humana, seja apenas outra alma humana" (Carl Jung). Leia e inspire-se. Essa profissão transforma vidas, principalmente a do educador.

KÉSSIA OLIVEIRA

Késsia Oliveira

Mineira, mãe, esposa, filha, escritora da coleção *Leituras inclusivas, Maternidade positiva* e coautora do *Manual da infância*. É educadora emocional positiva, analista de comportamento e mediadora escolar, dentre outras diversas especializações no segmento do neurodesenvolvimento. Também é psicopedagoga e especialista em terapia cognitivo-comportamental. Atua como treinadora de profissionais da educação. É palestrante e mentora de mulheres. Atuou por mais de três anos como educadora emocional de crianças até oito anos de idade. Orientou e treinou mais de 600 profissionais que atuam diretamente com inclusão da pessoa com deficiência; busca, diariamente, levar sua escrita para crianças em vulnerabilidade social. É idealizadora do Programa Educacional – Circuito Emocional, ensina sobre emoções, acolhimento e contribuições sociais para professores da rede pública e profissionais de associações com foco na pessoa com deficiência.

Contatos
contatodasementinha@gmail.com
Instagram: @circuitoemocional
47 99103 3086

Começo este capítulo com o coração repleto de gratidão. Trabalhar com parentalidade é uma decisão que nos faz revisitar a nossa infância diversas vezes ao longo do dia e das escutas que vamos realizando com as famílias que nos procuram. A primeira família que acolhi parecia em pedaços. Era como uma história muito bem idealizada, com pilares muito bem projetados, que não contava com uma criança PCD (a sensação era de que nunca foi uma possibilidade na mente daquela família receber uma criança atípica, algo que não podemos escolher) durante o percurso. Além da negação do diagnóstico, a revolta por não poder controlar o que a criança faria, e muito menos como iria fazer, pairava sob a família a história das próprias infâncias e como seus comportamentos haviam sido tratados.

Para começar a motivar pessoas a trabalharem com parentalidade, preciso primeiro que seja entendido o conceito dessa profissão. O educador parental precisar conhecer pelo menos seis princípios básicos: contexto emocional, apoio afetivo, construção de vínculos, valorização da infância, autonomia para habilidades da vida prática e educação não violenta.

Uma família faz contato com o educador parental, mas desconhece os mecanismos que envolvem transformar a relação familiar, por esse motivo é realizada a primeira reunião com os cuidadores principais da criança. Nesse momento, começa a escuta sobre o contexto emocional, descobrindo as dores, os traumas, as expectativas, os medos e as certezas que envolvem a criação de filhos. Durante anos de prática, ouso dizer que esse momento é o mais importante e que por muitas vezes foi decisivo para mim, enquanto profissional, se realizaria ou não o atendimento com aquela família. Sim, nós não estamos aqui para trabalhar com quaisquer famílias independente do nosso olhar e da nossa capacidade técnica, é nossa obrigação perceber quando não somos capazes de ajudar. Na visualização do contexto emocional, observamos a cronologia da relação dos pais com a criança, a percepção sobre a mesma etapa de vida, observamos fatos marcantes e relevantes para cada membro da família.

Tomada a decisão de ser educador parental daquela família, é necessário seguir com apoio afetivo. Na obra *Por que o amor é importante: como o afeto molda o cérebro do bebê,* de Sue Gerhardt (2017), encontramos evidências do poder do afeto na construção de todas as relações; é partindo desses princípios que a parentalidade precisa receber AFETO. Como educadores, precisamos ser esse canal de distribuição do afeto que a família talvez não tenha recebido ao longo da vida. Além disso, precisamos ensiná-la a oferecer afeto para as crianças, ajudando no processo de neurodesenvolvimento mais saudável. A afetividade é uma troca, e a decisão da família em escolher um educador parental fica ainda mais fortalecida quando existe essa conexão afetiva.

Levando em consideração que as etapas anteriores foram bem-sucedidas em relação aos adultos, ainda precisamos trabalhar e ensinar sobre construção de vínculos. É comum que pais e crianças passem pouquíssimo tempo juntos e que, durante esse tempo, estejam ocupados com tarefas que não envolvem nenhuma qualidade de relacionamento. A criança, na faixa etária dos sete anos, passa cerca de seis a oito horas por dia entre trajeto e rotina escolar, dorme aproximadamente oito a dez horas por noite em um dia de vinte e quatro horas. Não sou tão boa em matemática, mas não é difícil perceber que a maior parte do dia da criança é distante dos cuidadores principais, e esses mesmos cuidadores sentem-se sobrecarregados demais para dar atenção às necessidades das crianças em casa. O educador, nessa etapa, precisa criar uma tabela visual para a família, demonstrando o tempo útil verdadeiro que todos têm disponibilizado para a criança. Não podemos, enquanto educadores, engessar regras e tempos para todas as famílias. As realidades sociais e financeiras são diversas, e tentar impor construção de vínculo sem entender dessas questões gera culpa em vez de consciência e responsabilidade.

É nesse momento que começamos a inclinar mais nossos olhos para a valorização da infância. Então, apresento a tríade que move 100% do meu trabalho: CUIDADO, AFETO e LIMITE. Aprendi com a obra de Ivan Capellato e José Martins Filho (2012) – *Cuidado, afeto e limites: uma combinação possível* – e trouxe para a minha vida, pessoal e profissional, como um mantra educacional.

Lembro-me que, ao ler a referida obra pela primeira vez, não coloquei entre a lista das favoritas. Tenho certa dificuldade com leituras que envolvem diálogos demais, pois como boa leitora, meu repertório imaginativo me convida para viajar entre a conversa descrita e acabo me perdendo demais do foco principal. Não foi diferente com este livro, mas a frase dita logo no início moveu meus pensamentos a dar mais uma chance àquela leitura. Li e reli algumas vezes, e ainda me debrucei em outra obra do mesmo autor – *A equação da afetividade* (CAPELLATO, 2012) –, então me convenci da potência desses valores. Decidi colocá-los em prática no cotidiano, tanto nos atendimentos quanto na rotina, com as crianças que educo diariamente: a minha criança interior e a minha filha que, naquela época, passava pelos seus incríveis dois anos. Esses pilares foram me ensinando como era necessário estudar todos os dias e expandir meu leque de ferramentas educacionais.

É possível valorizar a infância encontrando o equilíbrio entre esses pilares, e é papel do educador ensinar para a família como esses pilares se encontram. No pilar do cuidado, vamos elaborar sobre autorresponsabilidade, rede de apoio, organização, rotina, criar filhos e desenvolver o desejo de criá-los de maneira respeitosa, nutri-los com amor, enxergando as necessidades familiares com sensibilidade e consistência. Olhando para o pilar do afeto, vamos trabalhar a valorização do amor, ensinar mais sobre a ciência da afetividade, falar sobre o medo de perder como demonstração de amor e elaborar sobre a importância de saber esperar. Até chegarmos ao pilar do limite, o mais desafiador para todos os membros de uma relação parental, e mais complexo de ser trabalhado pelo educador parental. É necessária a visualização do que é um limite parental, buscar estratégias que envolvam a escola, a sociedade e a família, trabalhar construção socioambiental, ensinar sobre diálogo, diferenciar submissão e autoritarismo do respeito à autoridade, permitir que a criança seja mais protagonista e realizadora para entender sobre causa e consequência, trabalhar equilíbrio e flexibilidade e ensinar também sobre neuroatipicidade e inclusão.

Após o estabelecimento desse limite, conseguimos partir para a etapa da autonomia. A pressa da rotina diária faz que as famílias retirem o protagonismo da criança em habilidades da vida diária. Levar o prato até a pia, organizar a própria cama, guardar livros e brinquedos no lugar, separar o lixo e diversas tarefas são possíveis e ensinam muito para a criança. Porém, essas tarefas não acontecem sempre de maneira espontânea e precisam ser ensinadas, sendo também papel do educador demonstrar para a família recursos que contribuam para o desenvolvimento dessas habilidades. E se a família tem uma criança PCD, que possui limitações de realização dessas tarefas descritas acima?

Igualmente, é obrigação do educador encontrar estratégias que motivem e incentivem essa criança a ter autonomia.

É chegada a hora de abordar a educação não violenta. Para nós, educadores brasileiros, é incrível poder citar a obra *Educação não violenta – como estimular autoestima, autonomia, autodisciplina em você e nas crianças*, da escritora Elisama Santos (2019) – com ela aprendi muito sobre comunicação assertiva e perguntas poderosas. Educar de maneira mais leve recebe um significado importante quando preservamos o que foi a educação tradicional, sem desmerecer os valores que aprendemos com nossos cuidadores principais, e não tentamos atingir a perfeição o tempo inteiro em nossos atos, essa ação não é real. Praticar os princípios de uma educação não violenta será constante e os cuidadores errarão todos os dias, mas com a orientação de um educador é possível não seguir batendo na tecla dos mesmos erros, aprimorando as ferramentas emocionais e melhorando a comunicação entre os membros da família. Todos esses princípios básicos do trabalho em parentalidade precisam fazer sentido para o educador, que vai dominar conceitos e estratégias de apoio às famílias.

Ser um educador parental exige de nós uma responsabilidade com a infância. Precisamos receber cada família e entender que, mesmo com a nossa bagagem de estudos e vivências, aquela família é um novo projeto, como uma folha em branco esperando ansiosa por nossas orientações. Costumo descrever que, quando nasce uma criança, uma família acaba de receber o amanhecer de uma nova vida. Não sabemos exatamente como serão os segundos seguintes a esse nascimento, e somos imensamente agradecidos pela oportunidade de receber uma criança em nossa vida. É impossível trabalhar com educação parental extinguindo o meio em que a criança está inserida, se suas bases serão sólidas, se está garantido seu acesso à saúde, educação, nutrição e lazer. O nosso papel como educadores é garantir que cada família entenda sua realidade, e que batalhe dentro de suas possibilidades para oferecer a quebra do ciclo de violência emocional que possa ter enfrentado.

É papel do educador nutrir nos adultos realidades internas e externas, ensinando-os que as experiências modificam o cérebro e que, enquanto responsáveis por crianças, precisamos proporcionar vivências que criarão memórias afetivas, essas serão recursos interiores no futuro quando a vida lhes apresentar dificuldades. A relação parental envolve o despertar dos interesses em comum, do foco em melhorias para toda a geração e das sementes que plantarão no íntimo de cada criança.

Se me questionarem hoje o que me inspira a continuar trabalhando com parentalidade, a resposta é direta: RESULTADOS. É uma jornada com resultados a pequeno, médio e longo prazo. As famílias, ainda no primeiro encontro, absorvem muito do que oferecemos, e nós, enquanto profissionais, vamos aprimorando nossos recursos e estabelecendo metas cada vez mais possíveis e reais. Não existe orientação parental, educação emocional ou qualquer outra terapia que envolva a criança, sem oferecer à família a oportunidade de visualizar o PROFISSIONAL atendendo a CRIANÇA. Se você já é um terapeuta, seja qual for sua área de atuação, repense sempre seus atendimentos com a presença de um adulto responsável. É fundamental que os cuidadores aprendam com você, enxerguem para poder repetir padrões de comportamento que adota na sessão. Não exclua a família do seu atendimento com a criança por receio de mudanças comportamentais nela, é na frente dos cuidadores que a criança se sente mais segura para ser quem ela é em sua essência.

Uma criança que consegue frequentar novamente um ambiente escolar, outra que já sabe nomear o que sente e aprende o caminho da autorregulação, pais e mães que compreendem a importância da expressividade em crianças ainda na primeira infância, sem tentar rotular ou repreender o tempo inteiro, são apenas alguns dos resultados alcançados que inspiram minha frente educadora a continuar. O resultado acontece; e todos eles com a constante presença de um cuidador principal.

Enxergue que o atendimento do educador parental é por um tempo muito limitado. Somente esse tempo, sem ações reais da família, não terá resultado visível, e essa falta de resultados retira toda a credibilidade do educador que fez a intervenção. É fundamental viver a responsabilidade que a educação parental carrega. Acrescento, ainda, como especialista em educação emocional positiva, que todos os educadores podem utilizar meu método dos cinco Ps da parentalidade: positividade, parceria, persistência, prioridade e pessoalidade.

Praticar esses pilares nos permite ressignificar situações, estabelece novas ações e nos motiva a aceitar a criança que recebemos sem tentar que ela corresponda sempre às nossas expectativas.

Findo este capítulo demonstrando não somente amor e agradecimento ao meu trabalho; deixo registrado todo o meu respeito aos que escolhem atuar em educação parental. Essa tarefa linda de tocar vidas e transformá-las com o reconhecimento de histórias e emoções.

Referências

CAPELATTO, I. *A equação da afetividade: como lidar com a raiva de crianças e adolescentes.* Campinas: Papirus 7 Mares, 2012.

CAPELATTO, I.; MARTINS FILHO, J. *Cuidado, afeto e limites: uma combinação possível.* 4. ed. Campinas: Papirus 7 Mares, 2012.

GERHARDT, S. *Por que o amor é importante: como o afeto molda o cérebro do bebê.* 2. ed. Porto Alegre: Artmed, 2017.

SANTOS, E. *Educação não violenta: como estimular autoestima, autonomia, autodisciplina e resiliência em você e nas crianças.* 1. ed. Rio de Janeiro/São Paulo: Paz e Terra, 2019.

15

PEDIATRIA E PARENTALIDADE

Este capítulo trata das inter-relações entre pediatria e parentalidade. É um despertar e um chamado aos pediatras para que exerçam nossa especialidade com o olhar na criança, sua família e seu comportamento. Chamo de Nova Pediatria pelo fato de o pediatra ter o encontro da prevenção das doenças com a conexão com as famílias.

LUCIA DIEHL

Lucia Diehl

Médica pediatra desde 1986, palestrante, pós-graduada em Neurociência e Comportamento pela PUC-RS, certificada em Disciplina Positiva pelo PDA. Certificada em Educação Parental pelo Instituto Eduque Bem. Apaixonada por pediatria, parentalidade e educação parental.

Contatos
Instagram: @ficatranquilamamae
51 99994 6051

Pediatria

A Pediatria é a especialidade dentro da Medicina que estuda e trata a criança a partir da gestação, durante o nascimento, seu crescimento e desenvolvimento até a adolescência. É uma *área médica* praticada com *ações* educativas, preventivas e orientações aos pais nos cuidados com as crianças e adolescentes.

Amamentação, orientação nutricional, prevenção das doenças, crescimento e desenvolvimento da criança, marcos do desenvolvimento, orientação das vacinas, estímulo à leitura e contação de histórias, esportes, rotina do sono, exposição às telas, importância do brincar, da disciplina, rotina, limites e o tratamento das doenças são ensinamentos, orientações e condutas que trazem segurança às famílias (ACADEMIA BRASILEIRA DE PEDIATRIA, c2024).

A saúde da criança está diretamente relacionada com seu bem-estar físico e psicológico (GOUVEIA, 2022). Segundo o grande pediatra Dr. Martagão Gesteira: "Pediatria é ocupar a vida em cultivar a vida e a saúde das crianças, tornando-as sadias, fortes, desenvolvidas e defendendo-as contra as ameaças sejam bactérias, vírus, fatores ambientais ou sociais".

Pedro de Alcântara, um dos maiores pediatras brasileiros, disse que o pediatra, além do imenso amor às crianças e da dor com seu sofrimento, preocupa-se com seu bem-estar hoje e no futuro. A criança é um ser único, dependente da família e vivendo em sociedade (POSTERNAK, 2000).

A puericultura é a parte preventiva da pediatria que cuida das crianças e educa as famílias para que elas se transformem em adultos saudáveis. Baseia-se em orientar sobre cuidados com as grávidas durante a gestação, sobre parto, o aleitamento materno, o acompanhamento do crescimento e do desenvolvimento neuropsicomotor, instruções sobre vacinação. É um conjunto de diretrizes, protocolos e conselhos que previnem as doenças tanto físicas como psicológicas durante a infância e adolescência.

O atendimento ambulatorial de puericultura começa durante a gestação na consulta pré-natal com orientações sobre epigenética, explicando como nossas experiências podem mudar o comportamento de nossos genes. Estende-se desde a gravidez até aos 21 anos (FERNANDES, 2023).

O pediatra é o médico responsável pela saúde da criança, prevenindo e tratando as doenças da infância e da adolescência, utilizando a relação médico-paciente-família, a educação médica, a empatia, a amorosidade, o diagnóstico e o tratamento correto (HIRSCHHEIMER, 2015).

Parentalidade

Parentalidade é ser ou tornar-se pai ou mãe segundo vários dicionários da língua portuguesa. É definida como a dedicação, o zelo e o cuidado que a criança, totalmente dependente de um adulto, necessita para que possa crescer e se desenvolver (GURGEL, 2023) .

O termo *parentalidade* foi usado pela primeira vez pela psicanalista Therese Benedek no artigo "Parenthood as a development phase: a contribution to the libido theory (1959)". Segundo Houzel (2004), o termo *parentalidade* foi utilizado pelo psicanalista francês Paul-Claude Racamier, ressaltando o papel dos pais em relação aos filhos no ano de 1961 (HOUZEL, 2004).

Hoje, a parentalidade é a construção do papel de pais e sua ligação com os filhos pelo cuidar, educar e aconselhar garantindo que a criança atinja seu potencial máximo (ZORNIG, 2010), e, como os adultos cuidam das crianças de uma maneira afetiva e apropriada para que elas possam desenvolver todas as suas habilidades (FUNDACAO MARIA CECILIA SOUTO VIDIGAL, c2024).

A criança desenvolve segurança, autonomia, liberdade para agir se tiver pais presentes, afetivos, tutores de seu comportamento e que se importam com suas necessidades de maneira acolhedora e confortadora (EIZERIK, 2013).

A criança necessita de conexão e vínculos afetivos com pais ou cuidadores para que possa desenvolver resiliência, confiança e equilíbrio emocional (ALVARENGA, 2016).

As histórias e experiências vividas na infância influenciam os relacionamentos afetivos e as relações socioemocionais (ALVARENGA, 2016).

As crianças necessitam de interações adequadas com seus cuidadores que, em geral, *são os pais ou alguém de sua família*, para que atinjam seu crescimento físico e desenvolvimento neuropsicomotor e social (NÚCLEO CIÊNCIA PELA INFÂNCIA, 2016).

A vida da criança depende de um adulto próximo e da maneira como ele cuida e protege a criança (NÚCLEO CIÊNCIA PELA INFÂNCIA, 2016).

A parentalidade faz parte de todas as relações da vida, sendo construída por meio de elos biológicos e/ou afetivos (NÚCLEO CIÊNCIA PELA INFÂNCIA, 2016).

Uma família com melhores dinâmicas como respeito, conexão, apego e afeto molda comportamentos, forma seres humanos saudáveis e com propósito.

O papel do pediatra na parentalidade

Educar uma criança é um desafio para os pais.

O pediatra, médico das crianças e das famílias deve:

- Orientar sobre a construção de laços sólidos entre pais e filhos e da criação de ambientes seguros, afetivos e acolhedores facilitando e qualificando o relacionamento mãe-filho e pai-filho (ARAÚJO, 2017).
- Ensinar os pais sobre a importância de limites, exemplo, rotina, disciplina e regras, comunicação não-violenta (ARAÚJO, 2017).
- Instruir pais sobre compaixão, empatia, regulação da emoções infantis.
- Aconselhar sobre a importância de pais presentes na vida dos filhos e com tempo disponível para eles.
- Identificar e dar suporte às famílias sobre comportamento inapropriado, birras (ARAÚJO, 2017).
- Aconselhar e esclarecer sobre estilos parentais.

Acompanhando a criança desde a gestação até o final da adolescência, o pediatra é o médico capacitado para essas orientações e para a identificação de problemas no âmbito familiar promovendo e garantindo o desenvolvimento físico e socioemocional das crianças (ARAÚJO, 2017).

Esse conjunto de ações auxilia na criação de filhos saudáveis, seguros, respeitosos, críticos e com vínculos afetivos com as famílias e com quem os rodeiam.

O pediatra é o médico da criança, da família e da parentalidade.

Essa é a nova pediatria. Aquela que se interessa e se preocupa com o bem-estar físico, psíquico, social da criança, que se esmera em cuidar das relações entre filhos, mães, pais ou cuidadores, estimulando a criação de indivíduos mais saudáveis.

É crucial e necessário que nós, pediatras, tenhamos um olhar diferenciado para a criança, a família e as mudanças da sociedade.

Devemos usar estratégias para estimular e facilitar a parentalidade. Devemos aprender com quem já faz isso: os educadores parentais.

Atender adequadamente uma família requer equipe multidisciplinar sem protagonismos e com a certeza de que, juntos, pediatras, educadores parentais, psicólogos, pedagogos, educadores e assistentes sociais encontraremos e alavancaremos o potencial máximo de cada criança e família.

Referências

ACADEMIA BRASILEIRA DE PEDIATRIA. Patronos e Titulares: Pedro de Alcântara Marcondes Machado (1901-1979), c2018. Disponível em: <https://www.sbp.com.br/academia-brasileira-de-pediatria/patronos-e-titulares/pedro-de-alcantara-marcondes-machado/>. Acesso em: 6 fev. de 2024

ALVARENGA, P. A. *et al.* Cuidados parentais e desenvolvimento socioemocional na infância e na adolescência: uma perspectiva analítico-comportamental. *Revista Brasileira de Terapia Comportamental e Cognitiva*, 18(1), 4-21, 2016.

ARAÚJO, L. A. *et al.* Departamento Científico de Pediatria do Desenvolvimento e Comportamento. *Manual de orientação: o papel do pediatra na prevenção do estresse tóxico na infância.* Sociedade Brasileira de Pediatria, 2017.

EIZERIK, C. L.; BASSOLS, A. M. S. *O ciclo da vida humana: uma perspectiva psicodinâmica,* 2013.

FERNANDES, T. F. *et al.* Departamento Científico de Pediatria Ambulatorial (Gestão 2022-2024). *Documento científico: a consulta pediátrica pré-natal* – atualização 2023.

FUNDAÇÃO MARIA CECÍLIA SOUTO VIDIGAL. *Parentalidade: o que é essa tal de?*, c2024. Disponível em: <fmcsv.org.br/pt-br/que-essa-tal-de-parentalidade>. Acesso em: 6 fev. de 2024.

GOUVEIA, L. C. *Pediatra atualizado: puericultura.* São Paulo. Sociedade de Pediatria de São Paulo, 2022. Disponível em: <https://www.spsp.org.br/pediatra-atualizado-puericultura/>. Acesso em: 6 fev. de 2024

GURGEL, R. B. *et al.* Parentalidade de mães de crianças na primeira infância durante a pandemia de covid-19: pesquisa qualitativa. *Rev. Bras. Enferm,* 76(Suppl 1): Edição suplementar 1 síndrome pós-covid e20220478, 2023.

HIRSCHHEIMER, M. R. *Desafios da pediatria.* São Paulo. Sociedade de Pediatria de São Paulo, 2015. Disponível em: <https://www.spsp.org.br/desafios-da-pediatria2/>. Acesso em: 6 fev. de 2024.

HOUZEL, D. Implicações de parentalidade. In: SOLIS-PONTON, L. (org.) *Ser pai, ser mãe – parentalidade: um desafio para o 3º milênio* (pp. 47-51). São Paulo: Casa do Psicólogo, 2004.

NÚCLEO CIÊNCIA PELA INFÂNCIA. *Importância dos vínculos familiares na primeira Infância: estudo II / organização Comite Beatriz de Oliveira Abuchaim et al.* São Paulo: Fundação Maria Cecília Souto Vidigal: FMCSV, 2016.

POSTERNAK, L. Alguns aspectos da prevenção pediátrica. *Estilos Clin.*, São Paulo, v. 5, n. 8, pp. 170-177, 2000. Disponível em: <http://pepsic.bvsalud.org/scielo.php?Script=sci_arttext&pid=S1415-71282000000100014&lng=pt&nrm=iso>. Acesso em: 6 fev. de 2024.

ZORNIG, S. M. A. Tornar-se pai, tornar-se mãe: o processo de construção da parentalidade. *Tempo psicanal.* Rio de Janeiro, v. 42, n. 2, pp. 453-470, 2010.

16

A PARENTALIDADE PODE SER AMOROSA E LEVE

O objetivo deste capítulo é mostrar que cada família é única, apresenta dificuldades e necessidades diferentes quando o assunto é educar. Mesmo com tanta singularidade, é possível exercer a parentalidade de maneira amorosa e leve. Uma vez que você cuida do seu bem-estar, é possível ter saúde mental e física para não sair de seu propósito como pai e mãe.

MARIA SUELEN AOKI

Maria Suelen Aoki

Casada com Bruno Aoki, mãe da Isabela e Pedro, psicóloga clínica e do sono com pós-graduação em Psicopedagogia e Neuropsicologia. Atua como psicóloga clínica de adultos, crianças, adolescentes e orientação familiar.

Contatos
www.suelenaoki.com.br
suelenaoki@gmail.com
Instagram: @suelenaokipsicosono
11 96090 7315

A parentalidade é a maneira como exercemos os cuidados primários na primeira infância. Envolve estar presente, ser empático, compreender as necessidades da criança e cultivar uma conexão respeitosa. Conseguiremos isso por meio de interações e cuidados diários baseados no respeito mútuo, promovendo um ambiente seguro para o desenvolvimento saudável, tanto físico quanto mental, da criança.

Cuidar não é uma tarefa fácil, e se torna ainda mais difícil com as novas tecnologias e os novos formatos de interação social. Ou seja, a correria e a cobrança do dia a dia dificultam ainda mais exercer, de maneira amorosa, respeitosa e leve, a parentalidade com nossos filhos.

Exercer a parentalidade tem sido cada vez mais desafiador, pois esbarramos o tempo todo com diferentes e novos obstáculos, que tentam tirar o foco do nosso maior objetivo: nos tornarmos pais respeitosos e empáticos. Costumo dizer que a parentalidade é uma fase de videogame da vida real; passam dias, meses e anos, nossos filhos crescem e o que muda é apenas a fase (os desafios). Mesmo mudando de fase, seguimos preocupados e atentos o tempo todo a todas as mudanças e necessidades. Nós, pais, precisamos buscar atualizações e recursos para passar de cada fase com sabedoria e empatia.

Minha trajetória na parentalidade começou muito antes de me tornar mãe. Começou quando Bruno e eu namorávamos e conversávamos sobre casamento e filhos; em nossas conversas, o foco era como gostaríamos de educar nossos filhos. As nossas conversas tinham estudos teóricos na faculdade de Psicologia, que me fizeram olhar ainda mais para este "lugar". Mas só fez sentido de verdade quando, em 2016, me tornei mãe da Bela. Eu, agora mãe, recém-formada e lidando com a ambivalência da maternidade; sem contar as alterações hormonais e emoções, mas ainda assim seguindo e buscando sempre a minha melhor versão como mãe e profissional.

Muitas pessoas vão falar para você: "Na teoria é uma coisa, na prática é muito diferente", "Não adianta você estudar e ler agora, pois quando nascer tudo que você leu não valerá de nada". Será mesmo? A minha resposta é: continue lendo e procure conhecimento cada vez mais, pois será de grande valia para quando tiver seu filho e estiver na fase de passar apoio e educação a ele.

Durante a maternidade, me preparei emocional e intelectualmente, li vários livros sobre maternidade, educação parental e por aí vai; fiz aulas, assisti a vídeos sobre maternidade, aleitamento materno, estudei sobre psicologia e fisiologia do sono. Queria estar preparada para quando minha filha nascesse; de fato estava, só não estava preparada para a parte fisiológica que pegou Bruno e eu de surpresa...

Foi uma situação que não dependia de nós para mudar a história. Bela, com 21 dias de vida, foi diagnosticada com APLV (alergia à proteína do leite de vaca); descobri porque ela foi evacuar e saiu sangue em suas fezes. Não tinha conhecimento sobre o assunto e, na época, não se falava muito sobre o tema. Mas, depois de algumas pesquisas, vi que não estava sozinha.

Foram meses difíceis, pois precisei mudar radicalmente minha alimentação para conseguir amamentar minha filha. As reações ocorriam quando ingeria alimentos com traços de leite de vaca e seus derivados. Fase difícil, mas consegui fazer a dieta e alimentei exclusivo com leite materno. Passado esse susto, veio outro: Bela, em uma consulta de rotina com o pediatra, teve a suspeita de uma doença neurológica e precisou usar um capacete por 4 meses. Usava 24 horas, só tirava para tomar banho. Esse era um dos tratamentos, o outro seria uma cirurgia na cabeça, caso não evoluísse bem com esse tratamento. Seu diagnóstico era cranioestenose (quando a "moleira" da cabeça fecha antes do esperado) benigna da infância. Avançamos mais uma fase. Lembram do videogame? Pois é!

Bela tirou o capacete e a primeira coisa que ela fez com 7 meses foi engatinhar; agora começou a fase mais difícil, no meu ponto de vista. Novos desafios e mais sede de buscar conhecimentos para aplicar na prática com minha filha. Estávamos em uma etapa do desenvolvimento de uma criança que engatinha e quer explorar o mundo. Com isso, se iniciava mais um desafio da parentalidade: o educar com amor. Dizer não, colocar limites de maneira empática e consciente para uma bebezinha que estava começando a explorar e conhecer o mundo.

Conforme ela crescia, ficava cada vez mais difícil avançar de fase com sabedoria, sem sair dos meus objetivos e propósitos como mãe. Mas não desisti! Sabia desde o início, quando decidi engravidar, que a minha parentalidade seria diferente da parentalidade que herdei dos meus pais. O meu modo de educar seria com amor, conexão e respeito mútuo. Assim, lutei e luto diariamente para não desviar do meu propósito.

Bela cresceu. Quando completou 2 anos e 3 meses, nasceu Pedro. Agora eram duas crianças com necessidades e desafios diferentes, mas segui firme e estou até hoje buscando sempre o meu melhor como mãe. Tenho ao meu lado um pai parceiro, que compartilha e busca conhecimento para superar os desafios que uma criança em desenvolvimento carrega. Essa parceria e conexão são fundamentais em uma relação.

Mesmo nos momentos de birra, ciúme e choro, o nosso propósito é estar presente com uma escuta ativa e acolhedora para as necessidades e demandas de nossos filhos. Nosso lar é um lugar onde a educação prevalece, e os limites são passados pelo diálogo, mesmo que tenhamos que repetir as orientações dez vezes. Elas sempre são passadas olhando nos olhos (se possível, na mesma altura deles, para se sentirem mais confortáveis, evitando já preestabelecer um sentimento de inferioridade), tom de voz baixo e firme. Ou seja, nos momentos mais desafiadores para nossos filhos, buscamos identificar as necessidades deles naquele momento difícil, e o que podemos fazer, com conversa e respeito, para resolver o problema.

Nos momentos conflituosos, tiramos as crianças do ambiente em que estão, pegamos em suas "mãozinhas" ou no colo, levamos em um ambiente silencioso, a sós, acolhemos suas necessidades e, em seguida, conversamos. A nossa "filosofia" sempre foi, antes de tudo, acalmar a criança e não dar bronca na frente de todos, porque achamos que dessa maneira elas se sentem mais seguras e acolhidas. Ao retornar ao ambiente no qual estávamos antes do conflito, geralmente já estão prontas para brincar novamente.

Conforme Pedro foi crescendo, fizemos igual. Exercemos os mesmos cuidados e atenção, diálogo e amor, para que colaborasse conosco. Falei isso tudo para dizer a vocês que é possível exercer uma parentalidade com leveza e amor. Ouvi muito essas frases de amigos, colegas e familiares: "O que vocês fazem quando levam as crianças para conversar? Oferecem um doce? Dão um beliscão?" Não, nada disso! Nós as levamos para um local silencioso onde são acolhidas e respeitadas. Quando voltam, não têm mais a necessidade de chamar nossa atenção, pois no ambiente de silêncio tiveram o que mais necessitam, nossa atenção e tempo de qualidade para aquele momento.

A comunicação não violenta dentro de casa é algo de grande valor, uma prática minha e do Bruno enquanto casal e pais. Quando por alguma razão percebemos que estamos perdendo nosso propósito, seja por estresse ou qualquer outra razão, conversamos em particular sobre isso. Dessa forma, um ajuda o outro sem julgamento a voltar para os "trilhos" da nossa parentalidade.

No contexto da prática clínica, meu propósito com os pais que buscam minha ajuda é adotar com a família estratégias de comunicação eficaz, estabelecimento de limites claros, promoção de empatia e compreensão das necessidades das crianças, além de oferecer suporte emocional aos pais. Enquanto psicóloga, procuro ser empática e muitas vezes me cito como exemplo para orientar as famílias no dia a dia a desenvolverem habilidades parentais, incentivando a empatia, o estabelecimento de limites saudáveis e a construção de um ambiente familiar positivo.

Além disso, o profissional pode explorar intervenções terapêuticas específicas, adaptadas às necessidades de cada família, para promover relações familiares mais saudáveis e fortalecer os laços emocionais, mesmo diante das dificuldades.

A seguir, dez sugestões eficazes para ajudá-los nas orientações.

1. Comunicação aberta: incentivar os diálogos francos entre pais e filhos para fortalecer os laços familiares.
2. Disciplina positiva: orientar sobre métodos de disciplina que enfatizam o ensino e o respeito mútuo.
3. Conhecimento do desenvolvimento infantil: compartilhar informações sobre diferentes fases do desenvolvimento infantil para ajudar os pais a entenderem as necessidades de seus filhos.
4. Estabelecimento de rotinas: ajudar na criação de rotinas consistentes, promovendo estabilidade e segurança para as crianças.
5. Resolução de conflitos: ensinar técnicas eficazes para lidar com conflitos familiares, promovendo o entendimento mútuo.
6. Educação sobre tecnologia: orientar sobre o uso equilibrado da tecnologia na vida familiar, promovendo um ambiente saudável.

7. Apoio à comunicação entre irmãos: oferecer dicas para criar um ambiente em que irmãos colaborem e se apoiem.
8. Promoção da empatia: incentivar a empatia nas relações familiares, promovendo a compreensão mútua.
9. Promoção da autoestima: fornecer estratégias para fortalecer a autoestima das crianças, construindo uma base emocional sólida.
10. Cuidado com o bem-estar familiar: ressaltar a importância do autocuidado dos pais para garantir um ambiente familiar saudável e equilibrado.

Para que seja possível passar essas orientações com precisão, precisamos exercer o autocuidado com a gente mesmo, cuidar da nossa saúde física e emocional. Adotar práticas e rotinas saudáveis de atividade física, passar regularmente em médicos especialistas para uma avaliação de rotina, cuidar da alimentação e, principalmente, ter um sono de qualidade, um sono restaurador.

O segredo

Acredite, não tem segredo. Tem muita sabedoria, dedicação, cuidado com a saúde física e mental, disciplina, estudos, esforço, paciência, persistência e constância. Ou seja, para que a parentalidade seja leve e não se torne um peso, você vai precisar buscar conhecimento para o resto de sua vida, e a paciência vai precisar ser exercitada todos os dias com seu filho em cada atitude ou olhar.

De acordo com minha experiência como psicóloga e mãe de duas crianças, os primeiros anos de vida de seu filho serão cruciais para que ele cresça e se desenvolva de modo saudável e seguro emocionalmente. Esse cuidado e essa atenção começam com a qualidade de seu sono e do bebê desde os primeiros dias de vida.

Atualmente, os distúrbios de sono estão entre as queixas mais frequentes nos consultórios pediátricos, e as queixas também aparecem na psicoterapia. A insônia é o principal deles. Insônia é a dificuldade de iniciar ou manter o sono. Quando um bebê ou criança apresenta esse quadro, ele vai precisar de um estímulo ou contato físico para iniciar o sono ou voltar a dormir quando acordar na madrugada, e geralmente essa demanda fica para a mãe.

Para que faça mais sentido com a parentalidade, vou apresentar a vocês as consequências da privação de sono para todos nós, e como estão diretamente ligadas ao tipo de parentalidade que vai exercer com seu filho.

A privação de sono ocorre quando dormimos menos que a quantidade necessária; para adultos, pelo menos 7 horas. Crianças e adolescentes precisam de mais sono noturno do que os adultos. A falta de sono afeta diretamente o modo como pensamos e sentimos. Quando não temos um sono de qualidade, podemos sentir sonolência durante o dia, pensamento lento, alteração de humor, tomada de decisão ruim ou arriscada, memória piorada, tempo de atenção reduzido e falta de energia. Além disso, a privação de sono pode aumentar o risco de problemas de saúde física e mental a longo prazo.

Após o nascimento dos bebês, a privação do sono passa a ser, na maioria dos casos, inevitável. Nessa fase, os desafios são outros, como mudanças hormonais e, principalmente, a adaptação a uma nova rotina que mexe com toda a vida dos pais, mas principalmente da mulher a qual acaba precisando levantar mais vezes durante a noite para amamentar.

Minha orientação a você que se dispôs a ler este capítulo é cuidar do seu sono e do sono de seu filho, pois dormir é uma necessidade vital, assim como respirar e comer. É indispensável para nossa sobrevivência, saúde física e emocional, pois é durante o sono que hormônios importantes como o do crescimento são liberados. Durante o sono, elaboramos os acontecimentos do dia. Portanto, quando você e seu filho ficam sem dormir ou dormem mal, podem sofrer consequências negativas, afetando a qualidade da sua parentalidade.

Referências

NEWSOM, R.; SINGH, A. Effects of Sleep Deprivation. *Sleepfoundation*, 17 jul. 2023. Disponível em: <https://www.sleepfoundation.org/sleep-deprivation/effects-of-sleep-deprivation>. Acesso em: 29 jan. de 2024.

GIOIA, N. Distúrbios do sono em crianças: como os pais podem ajudar?. *Instituto Pensi*, 8 maio 2020. Disponível em: <https://institutopensi.org.br/blog-saude-infantil/disturbios-do-sono-em-criancas-como-os-pais-podem-ajudar/>. Acesso em: 05 fev. de 2024.

PRIVAÇÃO de sono: uma realidade da maternidade. *Sleepup*, 2 ago. 2022. Disponível em: <https://www.sleepup.com.br/post/priva%C3%A7%C3%A3o-de-sono-uma-realidade-da-maternidade>. Acesso em: 05 fev. de 2024.

17

ENCORAJANDO PAIS A CONSTRUÍREM UMA COMUNICAÇÃO RESPEITOSA COM AS CRIANÇAS

Nas linhas a seguir, o leitor encontrará reflexões sobre a comunicação entre pais e filhos, bem como elementos-chave para um diálogo respeitoso, que mantenha a conexão, a autoestima da criança e ensine valores e habilidades socioemocionais.

POLLYANNA FORNARI

Pollyanna Fornari

Formada em Direito pela Universidade Estadual do Oeste do Paraná – Unioeste (2013); pós-graduação integral em Educação Parental pela faculdade Fócus (2023), sob a orientação da Profa. Ma. Bete P. Rodrigues; pós-graduanda em Neurociências, Educação e Desenvolvimento Infantil pela PUC-RS. Educadora parental com Certificação Internacional de Educação Parental em Disciplina Positiva pela Positive Discipline Association (PDA).

Contatos
pollyannactf@gmail.com
Instagram: @pollyannafornari.eduparental
41 99672 6821

"Ah, uma menina tão bonita e com essa cara de brava!", "Um menino grande assim chorando!", "Engole o choro! Se chorar mais, vai ser pior!" Convido o leitor para refletir sobre essas frases. O que causam? Mal-estar? Indiferença? Incomodam? Você tem o costume de usá-las com seus filhos?

Essas frases são tão comuns de serem ditas por adultos a crianças que chegam a ser um clichê, nos levando muitas vezes a repeti-las sem atentar à mensagem por trás delas e o que podem causar na formação da criança.

Ser pais nos faz reviver nossa infância, que pode estar na alegria de empinar pipa, mas também na dor de sermos colocados frente a frente com a criança que fomos. Meninas bonitas que não podiam se zangar e meninos corajosos que não podiam ficar tristes agora têm que aprender a lidar com a raiva, o medo e a tristeza de seus filhos sem terem aprendido a gerenciar as emoções em si.

Tudo isso na pressa cotidiana, em meio a noites maldormidas e a tarefas que insistem em se acumular. Revivemos nossas infâncias nos gatilhos, cada vez que tentamos respirar fundo, mas acabamos gritando. Fazemos malabarismos com nossa culpa, nosso cansaço e o desafio em educar aquela criança que muitas vezes "insiste em desobedecer".

A maneira como nos comunicamos reflete a nossa autoconsciência, nosso modo de ver o mundo, nossas crenças e padrões que trazemos da infância. A reflexão do primeiro parágrafo nos permite observar e começar a considerar os nossos contextos. Afinal, educar exige uma boa dose de autoconhecimento e trabalho interno. É por essa razão que o orientador parental deve considerar esses contextos e levar os pais a refletirem sobre eles antes de ensiná-los qualquer pretensa "fórmula" de como se comunicar com as crianças.

Dito isso, usemos o exemplo de Pedro e Maria para melhor ilustrar os pontos apresentados. Ambos, com 5 anos de idade, estavam brincando no pula-pula quando ela cansou. Ao perceber que Maria estava encerrando a brincadeira, Pedro ficou com raiva e derrubou a amiga do brinquedo. Pais diligentes intervêm, afinal, desejam que seu filho apresente condutas socialmente adequadas.

Alguns podem pacientemente explicar que "não se machuca os amiguinhos", o que parece ser uma solução bastante respeitosa. Porém, racionalizar com crianças dificilmente surte efeito, principalmente se estiverem inundadas pelas emoções. Outros podem repreender ou castigar, contudo, essa abordagem, além de causar culpa e vergonha, afasta-os emocionalmente dos filhos e, dependendo do temperamento da criança, piora a reação.

Em ambas as alternativas, a criança aprende apenas o que não deve fazer, mas não foi ensinada em como agir quando se deparar novamente com a situação. Pais encorajadores buscam enxergar "abaixo e além" do chamado "mal comportamento" de seus filhos.

Enxergar abaixo é perceber esse comportamento apenas como a ponta de um iceberg. Marshall Rosenberg dizia que de nossa boca saem apenas "por favor" e "obrigado". Estamos sempre pedindo para que os outros atendam às nossas necessidades e agradecendo quando o fazem. Entretanto, nem sempre sabemos expressar necessidades de maneira franca e direta. Algumas vezes, nos falta coragem; em outras, educação emocional; razão pela qual acabamos, muitas vezes de modo inconsciente, manipulando, agredindo ou mesmo calando o que está vivo dentro de nós.

Com as crianças, acontece da mesma maneira. O chamado "mal comportamento" é apenas um código que transmite necessidades e sentimentos que, devido à imaturidade, não conseguem reconhecer, comunicar e lidar mais assertivamente. As necessidades não supridas geram sentimentos e emoções que impulsionam o comportamento, que pode ser adequado ou não, a depender da maturidade do indivíduo. Portanto, é importante orientar os cuidadores a adotar uma "postura de detetive" e buscar compreender as motivações da criança e atuar na causa em vez de apenas exigir obediência.

Enxergar além significa pensar a longo prazo. O objetivo não é somente cessar com o mal comportamento, mas ensinar habilidades de vida às crianças. Pais incentivadores não reprimem o ímpeto de seus filhos, mas os ensinam a lidar com a raiva diante de frustrações. Buscam ensinar mais do que repreender.

Quando adotam essa postura, os erros das crianças passam a ser oportunidades de aprendizado na prática de valores como resiliência, cooperação, ética, autocontrole, entre outros. É importante que o orientador parental reforce esse ponto, pois a percepção de que erros, tanto das crianças quanto dos pais, fazem parte do processo de aprendizado, pode tornar a parentalidade mais leve e com menos culpa.

Ainda, uma comunicação encorajadora não usa culpa, vergonha ou medo para manipular as crianças. O papel dos pais é preservar o senso de pertencimento e autovalor dos filhos, mostrando que eles têm capacidade de agir melhor.

Assim sendo, colocadas essas premissas, tem-se que, para cultivar um diálogo respeitoso com as crianças, quatro passos são fundamentais: escutar para se conectar, validar e nomear sentimentos e emoções da criança, identificar necessidades, resolver o problema.

Em primeiro lugar, é essencial que os pais escutem e se conectem com seus filhos

Ouçam o que têm a dizer, considerando o ponto de vista deles, entendendo as motivações de maneira genuína, buscando compreender e não apenas contra-argumentar com a criança. Devem ainda estar presentes na interação, olhando nos olhos, prestando atenção aos sinais não verbais e aos contextos.

Impor soluções, rotular e distribuir ordens sem sequer considerar a perspectiva das crianças pode despertar nelas um sentimento de injustiça e falta de poder pessoal, colocando-as em guarda contra seus cuidadores e tornando-as menos cooperativas. Crianças escutadas escutam mais, pois percebem que o adulto as entende e se importa com elas.

Isso não significa concordar, mas estar aberto ao diálogo. Os pais de Pedro podem mostrar que a atitude dele foi equivocada, mas antes devem permitir que ele expresse sua versão e seus sentimentos em relação ao ocorrido.

Nesse ponto, crianças funcionam de modo semelhante aos adultos. Se desabafamos com alguém sobre algum problema ou situação que acreditamos não ter agido corretamente e, antes de qualquer sinal de empatia, recebemos apenas críticas, julgamento ou conselhos, perde-se a conexão e ficamos menos propensos a compartilhar novamente nossas questões. A depender da hierarquia existente na relação, podemos até obedecer à pessoa, mas dificilmente confiaremos nela.

Em segundo lugar, valide e nomeie os sentimentos e as emoções da criança

> [...] Tudo o que é humano é mencionável, e tudo o que é mencionável pode ser mais administrável. [...] Você às vezes não acha que só o fato de ter um bom ouvinte torna os seus momentos difíceis mais administráveis? Quando nós podemos falar sobre nossos sentimentos, podem se tornar menos devastadores, menos perturbadores e menos assustadores. As pessoas em quem confiamos com aquela conversa importante podem nos ajudar a perceber que não estamos sozinhos e que nossos sentimentos são normais e naturais (ROGERS, 1994, p. 172. Tradução livre).

A citação de Rogers sintetiza a importância da validação, pois reconhecer que as emoções existem é o primeiro passo para aprender a gerenciá-las.

Não existem sentimentos e emoções boas ou ruins. Simplesmente são e, por mais difíceis que sejam, têm seu propósito. São GPSs, guias, avisam do perigo, ajudam a traduzir desejos mais profundos, indicam necessidades satisfeitas ou não. Sem a raiva, perde-se o poder de ação e de autodefesa; a ausência de medo dá uma falsa noção de invencibilidade que conduz a atitudes autodestrutivas. A tristeza indica o que precisa ser mudado e quais dores devem ser acolhidas, enquanto a alegria mostra o que traz satisfação.

Em um mundo de "positividade tóxica", é tentador o ímpeto de socorrer nossos filhos de sentimentos mais difíceis. No entanto, negar a dor, não permitir que chorem de tristeza ou frustração, evitar que experimentem a raiva – apesar de mais confortável a curto prazo – impede que a criança entenda, elabore, aprenda a lidar e perceba a transitoriedade das sensações.

Envergonhar a "menina bonita" por estar brava ou calar o choro do "menino grande" é quebrar aos poucos o "GPS" das crianças e minar a autoestima. Afinal, elas não têm controle sobre o que sentem e podem pensar que são erradas por terem certas emoções. Do mesmo modo, desacreditar ou falsear a realidade ("não foi nada") faz que percam a capacidade de reconhecer seu estado emocional.

Nomear um sentimento fortalece a conexão corpo-mente e é especialmente importante em crianças que estão aprendendo linguagem, pois cria um "banco de dados" que as permite reconhecer quando determinada situação se repete e agir de maneira mais adequada.

No exemplo de Pedro, dizer para ele: "Você ficou com raiva que Maria saiu do brinquedo? É normal sentirmos raiva quando queremos algo e não podemos ter", é um passo importante para a elaboração emocional do ocorrido. Assim, ele vai aos poucos identificando como a raiva se manifesta em seu corpo, quais são os gatilhos, entende como as outras pessoas se sentem quando estão com raiva e, por ter essa consciência, aprende como se autorregular.

O terceiro elemento de uma comunicação encorajadora é identificar e nomear as necessidades de nossos filhos

É identificar o "por favor", o que os move, a parte submersa do iceberg.

Crianças têm, entre outras inerentes ao ser humano, necessidades de conexão, de apego seguro, de brincadeira, de tempo livre, de exploração, de curiosidade, de aceitação, de tempo de qualidade com os cuidadores, de confiança e de autonomia.

Contudo, crianças não têm maturidade emocional e cognitiva de identificar e expressar o que precisam e acabam reagindo ao desconforto em vez de verbalizar de maneira assertiva suas necessidades. E, convenhamos, essa habilidade nós, adultos, também lutamos para ter e falhamos em exercê-la em muitas de nossas interações cotidianas. Por essa razão, boa parte do trabalho do orientador parental é ajudar os pais a desenvolverem essas habilidades para que possam passá-las para seus filhos.

Quando ajudamos a criança a identificar, nomear e verbalizar essas necessidades, estamos guiando-as em um caminho de autoconhecimento. Se Pedro entender que sua raiva vem do desejo de companhia, poderá pedi-la à amiga em vez de agredi-la ou, então, encontrar outros meios de satisfazer a necessidade.

Por fim, após se conectar com seu filho, validar e nomear sentimentos e necessidades, os pais podem passar à solução do problema apresentado

Isso pode ocorrer de várias maneiras, a depender da situação. Eis algumas sugestões:

- Ensinar técnicas de autorregulação, que podem variar de acordo com a personalidade e maturidade de cada um e em razão do que a situação pede.
- Ensinar as crianças a expressarem sentimentos e necessidades de modo assertivo.
- Explicar às crianças por que a conduta foi inadequada.
- Ensinar as crianças a fazerem reparações e ajudá-las a consertar algo que se quebrou.
- Buscar soluções para o problema, deixando que a criança lidere cada vez mais a busca à medida que cresce, enquanto o adulto apenas orienta.

Em resumo, explicações, racionalizações e buscas por soluções devem acontecer apenas depois de a criança se estabilizar emocionalmente, além de serem oferecidas à proporção que a capacidade cognitiva da criança permite. Crianças de 5 anos podem precisar de explicações sobre por que certos comportamentos são impróprios, ao passo que bebês de um ano devem ser apenas distraídos.

Encaminhando-se para a conclusão do capítulo, é crucial mencionar que seu objetivo não é que o orientador parental dê aos pais uma solução mágica ao estilo "quatro passos rápidos para lidar com o mal comportamento". Afinal, a função do educador não é apresentar fórmulas prontas, mas ensinar os pais a avaliarem criticamente a postura em relação aos filhos.

Assim sendo, estruturar esses elementos tem o intuito de destacar o que importa na comunicação e fornecer um guia para o educador ajudar os pais a se conectarem com sentimentos, emoções e necessidades seus e de seus filhos, além de refletir sobre o ciclo "calar, repreender, punir" que muitas vezes praticam no "piloto automático". Portanto, a estrutura não é rígida, sob o risco de engessar o diálogo.

Parentalidade é como jazz em que técnicas e conhecimento se entrelaçam com sensibilidade e inspiração.

Espero que este texto forneça ferramentas que o ajude a ensinar os pais uma maneira mais amorosa de diálogo com os filhos.

Referências

GOTTMAN, J. *Inteligência emocional e a arte de educar nossos filhos*. Tradução: Adalgisa Campos da Silva. Rio de Janeiro: Objetiva, 2021.

NELSEN, J. *Disciplina positiva para crianças de 0 a 3 anos: como criar filhos confiantes e capazes*. Tradução: Bete P. Rodrigues e Fernanda Lee. Santana do Parnaíba-SP: Manole, 2018, p. 311.

ROGERS, F. *You Are Special*. Penguin Publishing Group, 1994, p. 172.

ROSENBERG, M. *Comunicação não violenta: técnicas para aprimorar relacionamentos pessoais e profissionais*. São Paulo: Ágora, 2016, p. 280.

SANTOS, E. *Vamos conversar: um pequeno antimanual de comunicação não violenta para a vida real*. São Paulo: Paz e Terra, 2023, p. 191.

18

TRILHANDO O CAMINHO DA EDUCAÇÃO PARENTAL COM FERRAMENTAS EFICIENTES

Neste capítulo, são abordadas ferramentas práticas que o educador parental pode utilizar, mas também é feito um caminho sobre a importância de juntar a teoria com as ferramentas para que estas façam sentido e não sejam apenas técnicas vazias e sem eficácia. Dessa forma, são discutidas algumas abordagens utilizadas, como a disciplina positiva, parentalidade consciente, cursos de formações, comunidades e redes de apoio on-line a educadores parentais, em que podem trocar experiências, compartilhar desafios, receber formação continuada, fazer *networking* e manter-se atualizados sobre tendências da área.

PRISCILA IOB

Priscila Iob

Neuropsicóloga e psicóloga clínica e social. Especialização em terapia cognitivo-comportamental aplicada a crianças e adolescente. Certificação internacional de Educação Parental em Disciplina Positiva pela Positive Discipline Association (PDA). Facilitadora do Programa Encorajando Pais. Especialização em saúde mental.

Contatos
psi.priscilaiob@gmail.com
Instagram: @psi.priscilaiob
63 99220 7172

Espero que este livro o inspire a viver corajosamente, com mais gentileza em relação a si mesmo e aos outros. E que o incentive a pedir ajuda quando necessário – o que é sempre um gesto de coragem.
CHARLIE MACKESY

Dentro da educação parental, existem muitas abordagens, muitos recursos e ferramentas práticas para serem usados nas intervenções com famílias, que enriquecem e facilitam a compreensão e mudança de comportamento, no atendimento individual, em grupo de pais/cuidadores/educadores e em workshops. No entanto, é preciso ter muito cuidado para que não sejam apenas técnicas isoladas e vazias, mas realmente uma ferramenta para potencializar o desenvolvimento das queixas da família.

Não podemos falar de recursos e ferramentas sem falar sobre o que um educador parental precisa saber antes de ir para prática, para que as ferramentas não sejam apenas técnicas, mas um meio de trazer possíveis mudanças efetivas na vida das famílias.

Ser educador parental

Ser educador parental requer muito conhecimento técnico e, também, saber desenvolver muitas competências que esta profissão exigirá. Rodrigues (2024) descreve muito bem uma gama de competências que o educador parental precisará conhecer e dominar, como saber fazer um planejamento de curso, conhecer as partes essenciais de um atendimento individual, definir bem objetivos, conteúdos, conhecer diferentes abordagens/linhas e definir qual utilizará, saber conduzir grupos e workshops, lidar com participantes difíceis e resolver problemas, criar um clima acolhedor, respeitoso e encorajador para que os pais sintam-se à vontade para partilharem suas dores e dificuldades.

As famílias, geralmente, procurarão por orientação para obterem ajuda nos comportamentos desafiadores dos filhos. Muitas vezes, os problemas podem ser muito parecidos entre as famílias, mas o olhar do educador parental deve ser único para cada uma, entender seu contexto e, assim, desenvolver o melhor plano de atendimento individualizado. Rosenberg (2006) fala que na comunicação devemos saber falar e ouvir para alcançar o objetivo da intervenção.

Assim, vamos percorrer o caminho de busca de conhecimento e conhecer alguns recursos efetivos nas intervenções com pais e mães.

Onde buscar conhecimento

No Brasil existem várias formações em educação parental, não citarei todas existentes, mas as principais abordagens que são referências na parentalidade.

Disciplina positiva

A disciplina positiva é muito conhecida aqui e em mais de cinquenta países. Tem como base de ensinamento as teorias de Alfred Adler e Rudolf Dreikurs, tendo Jane Nelsen como precursora do termo *disciplina positiva*, a partir do seu primeiro livro com este mesmo nome, com Lynn Lott, também um grande nome e cofundadora da Disciplina Positiva.

De acordo com o site da PDA Brasil, a "disciplina positiva tem como objetivo encorajar crianças e adolescentes, casais e colaboradores das empresas a tornarem-se responsáveis, respeitosos, resilientes e com recursos para solucionarem problemas por toda a vida".

No Brasil, a certificação para se tornar Educador Parental em Disciplina Positiva, pela Positive Discipline Association (PDA), é realizada pela educadora parental e *trainer* PDA Bete Rodrigues, umas das pioneiras em disciplina positiva aqui, a qual é a prefacista deste livro. E também pela educadora parental e trainer PDA Fernanda Lee.

Temos também a parentalidade encorajadora, que tem como base teórica a disciplina positiva, além da psicologia positiva e outros autores. Essa é uma formação idealizada pela psicóloga Aline Cestaroli, a qual oferece uma estrutura de curso com passo a passo para orientar os pais a lidarem com os desafios de comportamento dos filhos de maneira eficaz e respeitosa.

Parentalidade e educação positiva

Essa é baseada na educação positiva e psicologia positiva. No Brasil, temos a Escola da Parentalidade e Educação Positiva, que tem como fundadora e diretora a educadora portuguesa Magda Gomes Dias, certificada em Inteligência Emocional e *Coach*. Sua escola tem como objetivo levar mais felicidade a todas as famílias, escolas e instituições que trabalhem ou lidem, direta ou indiretamente, com crianças, jovens e famílias.

Parentalidade consciente

A parentalidade consciente teve como pioneira no Brasil a psicóloga, neuropsicóloga e educadora parental Iara Mastine. Ela se tornou facilitadora pela Academia de Parentalidade Consciente de Portugal, com a fundadora Mikaela Övén.

Segundo Mastine, parentalidade consciente tem como base os princípios de mindfulness, ou seja, busca a atenção plena no momento presente, sem julgamentos. Uma busca pela autoaceitação proporcionando um novo olhar para a vida e a parentalidade.

A parentalidade consciente também é abordada por Siegel (2020), o qual refere-se à abordagem de parentalidade com princípios do entendimento interno e da conexão interpessoal. "Os pilares dessa abordagem para o relacionamento entre pais e filhos são: mindfulness, aprendizagem ao longo da vida, flexibilidade responsiva, *mindsight* e alegria de viver" (SIEGEL, 2020, p. 17).

Também podemos encontrar vários cursos de formação e especialização para educadores parentais. Além de comunidades e redes de apoio on-line a educadores parentais, pelas quais podem trocar experiências, compartilhar desafios, receber formação continuada, fazer *network* e ficar atualizado sobre tendências da área. Uma das maiores comunidades de educadores parentais hoje no Brasil é o Clube Canguru, que possui áreas para membros, com mensalidade e, também, área gratuita.

No próximo tópico, falarei sobre algumas ferramentas que auxiliarão no processo de orientação familiar. No entanto, como a própria Jane Nelsen (2015) relata, prática sem embasamento teórico faz "as técnicas se reduzirem apenas à manipulação desrespeitosa". E adapto a pergunta dessa mesma autora voltada para nós, educadores parentais: "Isso que estou fazendo é fortalecedor ou desencorajador para essa família que estou atendendo?"

Ferramentas práticas

Os recursos que serão citados são algumas possibilidades. Existem muitos outros disponíveis, que podem contribuir muito com a prática do educador parental. É importante que vá se conhecendo e vendo o que mais faz sentindo para você, qual abordagem sente-se mais seguro e, principalmente, escute a família que estará à sua frente, escute as dores e, assim, conseguirá juntar o que a família precisa, seu conhecimento técnico e as ferramentais ideais para utilizar em cada caso.

O cérebro na palma da mão – ensinando sobre a raiva

Para ajudar os pais e as crianças a entenderem o que acontece no cérebro quando estamos com raiva ou irritados, podemos usar a ferramenta *O cérebro na palma da mão*. Esse conceito é baseado no modelo do psiquiatra e neurocientista Dr. Daniel Siegel (SIEGEL, 2015 e 2020), o qual, de maneira lúdica, ensina que, quando estamos com raiva, acessamos a parte do cérebro primitiva ou reptiliana (amígdala), a qual "bloqueia" a parte racional do nosso cérebro (córtex pré-frontal), que é responsável pelos pensamentos e resolução de problemas. Por isso, quando estamos com raiva, falamos e fazemos coisas que nos arrependemos depois. Então, é necessário se acalmar antes tomar decisões.

Orientação para desenvolver

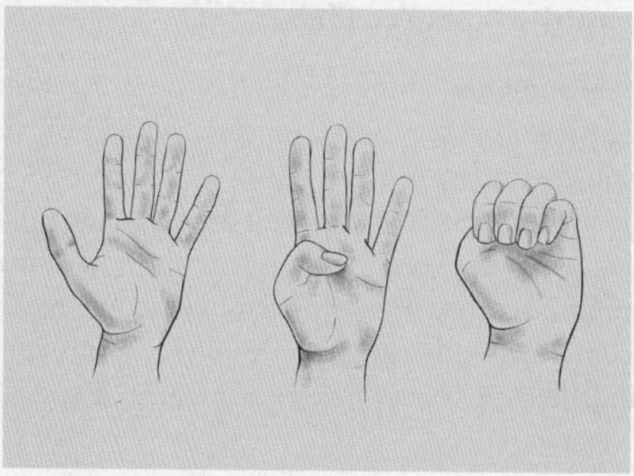

Com a mão fechada como da imagem, imagine que esse seja o cérebro. Apontando para o pulso, explicará que esse é o tronco cerebral, é a parte mais primitiva do cérebro e é responsável por funções como respirar, pensar e nos manter seguros, no modo luta e fuga.

Agora, com os dedos abertos para cima e polegar dobrado na palma da mão. O polegar representa a amígdala (mesencéfalo), onde ficam armazenadas as emoções negativas de medo e insegurança.

A mão fechada, como na terceira imagem, representa o córtex e o córtex pré-frontal e fica localizado na região da ponta dos dedos, responsável pelo pensamento racional, resolução de problemas, autocontrole e pensar antes de agir.

Então, o que acontece quando estamos com raiva ou quando "perdemos a cabeça"? Nosso cérebro fica como na segunda imagem, os dedos levantados para cima, a parte racional (córtex pré-frontal) não está funcionado, não conseguindo pensar ou agir de maneira racional.

Explicar que nesse momento não é a melhor hora de resolver o problema, nem quando a criança está descontrolada nem quando os pais estão descontrolados, ou ambos. Precisa-se acalmar para, então, resolver de maneira mais respeitosa para as duas partes.

Pausa positiva – para os filhos

Essa ferramenta ajudará as crianças a aprenderem a autorregulação, ou seja, se acalmarem quando estiverem irritadas ou chateadas. A pausa positiva é muito eficiente para ajudar a criança acalmar e os pais podem direcionar fazendo a pergunta: "Ajudaria você ir para o seu 'lugar da calma' (escolher um nome com a criança)?", lembrando que não deve ser usada como forma de castigo ou punição, e sim como uma possibilidade de a criança aprender a regular a emoção. Para crianças menores de 3 anos, é sugerido que os pais tirem um tempo junto à criança.

Com a criança, criar como será esse espaço de pausa positiva. Onde será, o que terá nele que pode ajudar a acalmar, como massinha, lápis de cor para pintar e desenhar, livros, brinquedos favoritos ou o que fizer sentido para aquela criança. O adulto pode sugerir caso a criança não consiga dizer nenhum. Telas não são recomendadas porque estimulam o cérebro em vez de acalmar.

Dica de livro: *O espaço mágico que acalma* (NELSEN, 2020).

Outra dica é fazer essa estratégias com os pais também, ajudá-los a pensar em sua própria pausa positiva, para que se afastem para acalmar e, assim, consigam ser respeitosos com a criança e com eles mesmos.

Quadro de rotinas

Essa é uma ferramenta que pode ser usada de crianças pequenas a adolescentes; as crianças sentem-se mais seguras com rotina. Esse quadro não envolve nem recompensas nem punições ou castigos, é para ajudar a criança a treinar senso de responsabilidade, autonomia e autodisciplina, ajudando-a a saber a sequência de tarefas sem que os pais precisem ficar dizendo o tempo todo.

Orientação para desenvolver

Você orientará os pais a criarem a rotina com a criança, para que ela tenha mais engajamento a colaborar no dia a dia. Pode ser feito com imagens e desenhos das atividades combinadas ou os pais podem tirar fotos do filho executando as tarefas e usar de modelo no quadro de rotina, excelente para filhos que ainda não sabem ler. Os pais devem listar, com a criança, todas as tarefas que precisam estar na rotina e, depois de pronta, pendurá-la onde a criança possa ver.

Deixe que o quadro de rotina seja o direcionamento, em vez de mandar, os pais podem perguntar: "Qual o próximo item do seu quadro de rotina?" (NELSEN, 2015). Com crianças maiores ou adolescentes, esse quadro pode ser feito escrito.

As três listas

Essa ferramenta tem o objetivo de auxiliar os pais a perceberem que os comportamentos desafiadores dos filhos são oportunidades de aprendizagem de habilidades de vida, que são crianças e adolescentes com cérebros imaturos e que reflitam sobre quais são as atitudes e os comportamentos necessários para ajudá-los a desenvolver essas habilidades.

Orientação para desenvolver

Você construirá três listas com os pais. A primeira lista deverá pedir para que falem todos os desafios de comportamentos que enfrentam com o filho.

Na segunda lista, você pedirá para os pais fecharem os olhos e imaginarem que vinte anos se passaram, que aquela criança com comportamentos desafiadores agora é um adulto com X anos (calcule a idade da criança) e que, provavelmente, não mora mais com eles, já tem a própria família e filhos. Eles resolvem fazer um almoço em família. A campainha toca e o filho adulto está bem ali na frente deles. Então, faça a pergunta: "Quais características e habilidades de vida você espera encontrar no seu filho?"

Na terceira lista, construa com os pais quais as atitudes e ações que os filhos precisam deles para desenvolver essas habilidades.

Exemplos de respostas para cada lista.

Desafios de Comportamento	Características e habilidades de vida	O que as crianças/ adolescentes precisam?
Birra	Responsável	Paciência
Empurra/bate	Honesto	Limites claros
Não segue regras	Feliz	Amor
Não obedece	Trabalhador	Acolhimento
Brigas com o irmão		

Ferramenta retirada do curso de Parentalidade Encorajadora Programa Encorajando Pais.

Concluindo

Finalizo com esta citação de Jane Nelsen para que possa acompanhar sua jornada profissional: "É útil ter paciência consigo mesmo e com as crianças enquanto você tenta mudar velhos hábitos. À medida que a sua compreensão dos princípios básicos se aprofunda, as aplicações práticas se tornam mais fáceis" (NELSEN, 2015, p. xxvii). É impossível conseguir esgotar as possibilidades de recursos a serem usados por um educador parental, mas que esse seja um caminho para iniciar com algumas práticas e que você possa ter um pequeno direcionamento de onde possa buscar em sua prática profissional.

Referências

MACKESY, C. *O menino, a toupeira, a raposa e o cavalo.* Rio de Janeiro: Sextante, 2020.

NELSEN, J. *Disciplina positiva: o guia clássico para pais e professores que desejam ajudar as crianças a desenvolverem autodisciplina, responsabilidade, cooperação e habilidades para resolver problemas*. (Tradução: Bernadete P. Rodrigues e Fernanda Lee). Barueri/SP: Manole, 2015.

NELSEN, J.; ERWIN, C.; ROSLYN, A. D. *Disciplina positiva para crianças de 0 a 3 anos: como criar filhos confiantes e capazes*. Barueri/SP: Manole, 2015.

NELSEN, J. *Guia de atividades da disciplina positiva: 33 ferramentas de aprendizagem para crianças praticarem*. Santana de Parnaíba/SP: Manole, 2023.

NELSEN, J. *O espaço mágica que acalma*. (Tradução: Bernadete P. Rodrigues e Fernanda Lee). Santana de Parnaíba/SP: Manole, 2019.

RODRIGUES, B. P. *14 Competências do educador parental: para profissionais que orientam pais e mães*. Santana de Parnaíba/SP: Manole, 2024.

ROSENBERG, M. B. *Comunicação não-violenta: técnicas para aprimorar relacionamentos pessoais e profissionais*. (Tradução Mario Vilela). São Paulo: Ágora, 2006.

SIEGEL, D. J.; BRYSON, T. P. *O cérebro da criança: 12 estratégias revolucionárias para nutrir a mente em desenvolvimento do seu filho e ajudar a família prosperar*. São Paulo: nVersos, 2015.

SIEGEL, D. J.; HARTZELL, M. *Parentalidade consciente: como o autoconhecimento ajuda a criar nossos filhos*. São Paulo: nVersos, 2020.

19

ÉTICA NA PARENTALIDADE PROFISSIONAL

O presente capítulo visa trazer algumas contribuições para uma importante reflexão que permeia a ética na parentalidade profissional. Pretende-se trazer quatro pontos que envolvem o exercício filosófico para que o educador parental compreenda a grandeza de sua atuação e, também, entenda a complexidade e a responsabilidade de suas ações educativas.

RAQUEL FACONTI

Raquel Faconti

Mestre em Educação pela UEL na área de Filosofia, com ênfase no conteúdo de Ética. Especialista em Educação Especial, Psicopedagogia e Neuropsicopedagogia. Graduada em Pedagogia pelo CESULON (atual UNIFIL, em Londrina /PR, na qual recebeu láurea acadêmica. Atua como especialista em Psicopedagogia Clínica e Institucional desde 1991. Autora de livros e capítulos nas áreas de educação e psicopedagogia. Consultora da Megaquality Brasil, com experiência em *assessments* e mentorias em empresas públicas e privadas para o desenvolvimento de profissionais. Consultora de escolas públicas e particulares para formação e desenvolvimento de professores e inclusão. Ampla experiência em orientação de pais e adolescentes, por meio de orientação educacional, em anos finais do ensino fundamental e ensino médio. Atualmente, além da clínica, atua como consultora psicopedagógica na MapleBear de Londrina, na área de *Special Needs*. Docente (em licença) de cursos de graduação e pós-graduação.

Contatos
Lattes: http://lattes.cnpq.br/0375615500315762
educa.raquelfaconti@gmail.com.br
LinkedIn: Raquel Faconti
Instagram: @raquelfaconti
43 99997 4403

Quando fui convidada para o projeto deste livro da querida Waldyane, o presente capítulo sobre ética parecia como se tivesse sido pensado e desenhado para mim. Fiquei pensando em como poderia contribuir para uma reflexão que fosse ao mesmo tempo robusta e leve, para auxiliar educadores parentais acerca do exercício de orientação às famílias e, por consequência, todo o processo complexo que envolve essa atividade. Ponderei em como poderia propor questionamentos para que os educadores parentais pudessem se colocar, constantemente, a refletir sobre propósito, conhecimento, práticas e comportamentos para que atingissem um nível de excelência profissional (não sendo cindido de uma excelência pessoal) e que pudessem operar sobre esse ofício complexo de acolher, orientar e propor caminhos para mudanças realmente transformadoras para as famílias e seus atores[1] que se encontram com alguma disfuncionalidade.

Embora a familiarização com o termo ética seja um pressuposto, considero importante, a partir das contribuições de Vasques (1997, p. 14), estabelecer alguns parâmetros para desenharmos nossa reflexão. O referido autor pontua que a ética não pode ser confundida com a moral e que, tampouco, a primeira cria a segunda. A ética é uma reflexão, busca a essência

1 Famílias e seus atores serão uma informação recorrente durante o texto e diz respeito à educação parental de todo o sistema familiar, mas também pode ser para um integrante ou dois desse mesmo sistema, por isso que uso a referência de atores.

de comportamentos morais já situados histórica e culturalmente. Auxilia no juízo moral e nos aspectos que regem o mesmo. Poderíamos, concretamente, dizer que a ética é o refletir e o considerar sobre o comportamento moralmente estabelecido ou que foi atuado. Desse modo, precisamos entender que, para podermos refletir (ética) sobre os comportamentos (conjunto moral), precisamos estar alinhados com uma tríade filosófica de pensamento, na qual há coerência entre o que pensamos, a maneira como agimos e como vivemos. A tríade filosófica proposta por Heller (1983, p. 56) é fundamentada em uma máxima de que não há separação entre teoria e prática, portanto ela reafirma que a tríade do pensar, agir e viver é fundamental para que exista coerência no nosso existir pessoal e profissional. O que torna esse pressuposto tão interessante é que, guardadas as proporções temporais históricas e conceituais, a mesma tríade foi cogitada por Sócrates e Lévinas.

Então, o que proponho com essa explanação suprarrelacionada? Quero dizer que não há como fazer uma educação parental ética (reflexiva) se o profissional que se propõe a fazê-la não consegue ter coerência entre teoria e prática. O profissional, para acolher e orientar uma família, precisa saber e reconhecer em si mesmo e no seu viver cotidiano se vivencia, se pensa e age de acordo com os aconselhamentos que direcionará à família, objeto de seu ato educativo. É dicotômico ensinar ferramentas, acolher, aconselhar e orientar comportamentos que não são metabolizados e significativamente ativos em uma vida pautada na tríade proposta como base da referida tese. Essa reflexão é, extraordinariamente, importante e fundamental. Provavelmente, você já ouviu aquele ditado: "Faça o que eu falo, mas, não faça o que eu faço!". É sobre isso que dialogamos aqui: é uma questão de ética e de respeito ao ato educativo parental que o educador seja coerente com orientações e vivências práticas do seu dia a dia, assim, como deva pensar, com real convicção, naquilo que está orientando. Se não formos coerentes frente a essa tríade filosófica, corremos o risco de não parecermos consistentes e firmes naquilo que orientamos; ao contrário, não praticaremos a alteridade de fato, e sim em um faz de contas de orientação parental. Precisamos acolher, orientar, propor os caminhos com as famílias e atores, mas precisamos também vivenciarmos aquilo que propomos enquanto alternativas, ferramentas e direcionamentos.

A segunda reflexão que gostaria de dividir com os colegas é sobre o propósito de ser e de se tornar um educador parental. É importante que os profissionais se questionem sobre essa decisão, pois, junto à primeira reflexão, essa não só determinará comportamento ético em relação à própria atuação e em relação às famílias; também determinará o impacto que o educador terá na vida das pessoas e de seus ecossistemas. Para pensarmos sobre a nossa entrada no modelo de educação parental, é importante alinharmos propósito, visão e valores (que não deixam de estar convergentes ao que tratamos no primeiro ponto de nossa reflexão). Para tanto, gostaria que você respondesse para si mesmo, de modo muito verdadeiro, a algumas perguntas:

- Por que me tornei ou quero me tornar um educador parental?
- Identifico-me com esse campo de atuação e gosto de auxiliar no processo de educação e desenvolvimento de famílias e seus atores?
- É um nicho de mercado novo e promissor e quero ganhar reconhecimento e ser bem remunerado com essa atuação?
- É meu propósito ajudar famílias a compreenderem suas disfuncionalidades e auxiliá-las a superá-las ou minimizá-las?
- Considero um trabalho relativamente fácil, pois dar conselhos, usar ferramentas e "dar" tarefas para o desenvolvimento de pessoas e resolução de conflitos é muito tranquilo, é só ter boa oratória e um bom marketing digital?
- Está na moda e todo mundo está fazendo educação parental?
- Meus valores, propósito e missão se encontram alinhados com a educação parental para um exercício profissional?

Por mais óbvias que essas perguntas possam parecer, precisam ser feitas e respondidas honestamente para nós mesmos e, depois, para nossas famílias e atores (sim, essas questões serão respondidas para nossos mentorados, muitas vezes, de modo não verbal, na análise de nossa coerência comportamental, na observação da consistência de nossas ações e argumentos, nas relações que estabeleceremos com eles). Nossas famílias e atores estarão atentos ao nosso compromisso com suas demandas e angústias. Depositar-nos-ão seus anseios, expectativas e esperanças de mudanças e, embora, muitas vezes não atuem conscientemente na investigação de nosso propósito, o farão para comprovar se podem, realmente, confiar em nós ou não.

Nesse caminho, então, devemos ser muito éticos com nossas famílias mentoradas, devemos ter claro o alinhamento entre propósito, visão e missão (não como um conjunto de definições para ficarem estampadas em nosso *feed* no Instagram, Facebook, sites profissionais ou em nosso próprio ambiente físico, mas como um credo espontâneo, metabolizado e vivenciado). É importante que o educador parental tenha uma visão humanizada acerca da escolha feita sobre sua atuação, deve se pautar na identificação com o objeto de desenvolvimento das famílias e pela real preocupação de ajudar a restabelecer ou minimizar disfuncionalidades delas. Não obstante, o que fica de fator a ponderar é que a dor das famílias e de seus atores não deve ser considerada simplesmente como nicho de mercado, tampouco como modismo. Devemos nutrir um profundo respeito pelos nossos mentorados, por suas histórias, vidas e disfuncionalidades. É um exercício complexo de alteridade e precisa de conhecimento e domínio de técnicas, teoria e ferramentas que fundamentem o ato educativo de maneira profissional e respeitosa.

O interesse genuíno e respeitoso pelas famílias e seus atores pode nortear, de modo assertivo, a prática do educador parental. Quando pensamos em respeito, não podemos esquecer a importância do conhecimento teórico e técnico que precisamos ter em nossas mentorias. Esse conhecimento que contempla a bagagem teórico-metodológica guarda relação profunda com a ética, porque nos permitirá agir com técnicas fundamentadas em evidências e estudos que subsidiarão as ações educativas. Ter uma metodologia que nos ajude a atuar de maneira segura, precisa e com um bom monitoramento de resultados é fundamental para auxiliarmos nossas famílias e atores.

A partir desse pressuposto, iniciamos nosso terceiro ponto de reflexão sobre a ética na parentalidade profissional que envolve a importância do conhecimento técnico e teórico e da necessidade de constante atualização. Kant (1974), em um texto intitulado de "Resposta à pergunta o que é esclarecimento?", nos traz uma profunda análise e chamada à consciência sobre a responsabilidade que temos, enquanto humanidade, em relação ao conhecimento de modo elucidativo. Para Kant, quando a pessoa toma conhecimento, ela acaba se implicando com o mesmo e essa implicação traz responsabilidades profundas. Ou seja, quando conhecemos algo, adquirimos instrução e proficiência, acabamos nos responsabilizando pelo conhecimento adquirido, bem como pelos desdobramentos desse conhecimento.

Verdadeiramente, isso significa que, se nos predispomos a entrar para a educação parental, precisamos ter responsabilidades sobre as consequências dos conhecimentos que adquirimos e como o utilizamos; daqueles que não adquirimos; e, até mesmo, para atuações que não estamos preparados para realizar; ou ainda, de áreas profissionais que não sejam de nossa formação ou nossa especialidade, ou seja, o reconhecimento do nosso limite profissional. O ponto fundamental, aqui, no tocante à ética na parentalidade profissional, é estar preparado e implicado com o conhecimento que necessitamos ter para a educação parental; até onde podemos ir e quando é hora de reconhecermos que precisamos de uma equipe multidisciplinar e trabalhar em pares com colegas de outras especialidades.

Muitas vezes uma orientação parental vem com uma demanda emergente, mas seu substrato implica outros tipos de acompanhamentos com outras especialidades. Nesse caminho precisamos ter o conhecimento e o reconhecimento de outras áreas para dar as tratativas mais adequadas para auxiliar de maneira precisa e ética aos mentorados. Ser um educador parental ético é ter um compromisso profundo com o conhecimento e suas implicações, e por ter esse compromisso, estar implicado com as responsabilidades, é saber reconhecer o limite de sua atuação educativa quando necessário. Tal condição de conhecimento e reconhecimento nos ajuda, enquanto educadores parentais a refletir sobre fazer o bem ao próximo; informar aos nossos mentorados sobre os caminhos e prováveis consequências das escolhas que serão feitas por eles frente às análises de cenários; ajudar a ter autonomia para tomada de decisões; agir com justiça baseada em princípios e valores que norteiam não só as nossas ações, mas que não gerem maleficência aos ecossistemas familiares.

Por todas essas considerações, embora o principialismo da bioética fora idealizado, para as práticas médicas, pode ser justaposto a outras áreas que lidam com pessoas. Em meu trabalho de Mestrado em Ética, fiz a transposição do principialismo da bioética para a educação. Organizei, assim, uma estrutura filosófica e postural para atuar de maneira extremamente humana e respeitosa (claro, reafirmo, sem esquecer o compromisso com teorias e técnicas), principalmente com crianças e adolescentes com deficiências ou transtornos de aprendizagem, adultos e idosos, bem como com suas famílias, o que também, até o presente momento, vai ao encontro ao meu propósito, missão e valores de vida pessoal e profissional.

E justamente a partir do principialismo da bioética que caminhamos para o quarto e último ponto de reflexão que pode reger nossa atuação profissional. Segundo Potter (apud DALL'AGNOL, 2004) são quatro princípios: autonomia, que incide sobre a liberdade da pessoa de tomar decisões a partir de três constructos elementares como a intencionalidade, conhecimento e não interferência; não maleficência, que consiste em não causar danos, sofrimento, dor, incapacitar ou privar uma pessoa de qualquer chance de se reestabelecer; beneficência que altruisticamente significa fazer o bem, proteger, defender os direitos do outro, remover barreiras, ajudar; por fim, a justiça que implica o tratamento equânime a todos os sujeitos. Essa última reflexão nos faz compreender a magnitude da ética que precisa permear o educador parental.

Referências

DALL'AGNOL, D. *Bioética: princípios morais e aplicações*. Rio de Janeiro: DP&A, 2004.

FACONTI, R. M. B. *O pensar, o agir e o viver do professor: sua teoria e sua prática em relação aos portadores de necessidades especiais*. 2006. Dissertação (Mestrado em Educação) – Universidade Estadual de Londrina.

GARRAFA, V.; PESSINI, L. (Orgs). *Bioética: poder e justiça*. São Paulo: Loyola, 2003.

HELLER, A. *A filosofia radical*. São Paulo: Brasiliense, 1983.

KANT, E. *Textos seletos: resposta à pergunta - que é esclarecimento?* Petrópolis: Vozes, 1974.

VÁSQUEZ, A. S. *Ética*. 17. ed. Rio de Janeiro: Civilização Brasileira, 1997.

20

ESTRATÉGIAS DE COMUNICAÇÃO ENTRE PAIS E FILHOS DE 0 A 3 ANOS

Quando constituída, a família se preocupa muito com os processos de educação de seus pequenos. Ter uma boa comunicação entre os novos integrantes dentro de casa é muito importante, por isso, venho conversar com vocês sobre os pontos mais sensíveis para a construção dessa comunicação, respeitando a fase de 0 a 3 anos. Ouvir e respeitar sentimentos e opiniões são práticas e posturas que precisam ter atenção para que nossas crianças construam alicerces. É claro que nem sempre todas as vontades e opiniões serão solucionadas, mas entender o que cada decisão pode gerar é um passo importante para lidar com possíveis situações que a vida irá proporcionar.

RENATA COTTET

Renata Cottet

Graduação em Pedagogia (2006), pós--graduação em Psicopedagogia (2015) e mestrado em Educação – Gestão Escolar (2019). Atualmente, é presidente da APANA, gerencia processos pedagógicos e administrativos em parceria com a Prefeitura do Município de São Paulo. Atua ainda como professora acadêmica em duas universidades em São Paulo (Centro Universitário Sant'Anna e FMU) com as licenciaturas. Tem experiência na área de educação há 30 anos, com ênfase em métodos e técnicas de ensino.

Contatos
Lattes: http://lattes.cnpq.br/5483525836462074
Instagram: @renatacottet
11 97088 8857

Como fortalecer a comunicação entre pais e filhos? Esta é uma das perguntas que muitas famílias me fazem no dia a dia. Entendo que hoje as relações são carregadas de tantas dúvidas e questões que envolvem insegurança, ansiedade e grande vontade de acertar na educação do filho tão desejado. Assim como qualquer outra relação, o vínculo entre os envolvidos tende a uma construção, podendo ser iniciado muito antes do nascimento. Naturalmente, a mãe cria esse vínculo mais rápido durante a gestação. O(A) parceiro/a, por sua vez, pode se manter presente e sentir essa conexão de outras maneiras, até mesmo conversando com o bebê, cantando para ele e participando de todo o processo do nascimento.

Com a chegada da criança, essa ligação se torna mais forte e ainda mais relevante. Ainda hoje não encontramos um manual que sirva para todos os pais, uma vez que cada filho é único e as circunstâncias nunca são as mesmas. No entanto, existem algumas práticas que as famílias podem ter na construção para a boa comunicação com seus filhos. Mas a pergunta é: ter uma boa comunicação entre pais e filhos é importante ou podemos esperar isso acontecer ao longo da vida? Sim, é muito importante construir logo nos primeiros anos de vida, pois a comunicação entre pais e filhos ajuda na formação da criança, no processo social e emocional trazendo qualidade, promovendo boas relações com as demais crianças, construindo uma personalidade saudável.

A família é a primeira experiência social na vida da criança. É muito importante que os pequenos experimentem no dia a dia situações que explorem possibilidades para construção de um bom repertório de informações e representações das ações humanas para sua formação.

Não existe uma fórmula mágica para criar esse vínculo, já que a parentalidade está justamente nas ações do dia a dia. Muitas vezes, o maior desafio é encontrar maneiras de estar mais presente na vida dos filhos, principalmente levando em consideração a vida atribulada e a rotina difícil de muitas famílias. Entender a rotina e o contexto de cada família é a primeira etapa desse trabalho, pois construir orientações personalizadas leva um tempo, são muitas histórias diferentes e, como já dissemos, não há modelos prontos, existe sim cuidados específicos que devemos ter com cada história.

Para existir uma comunicação com os filhos, é importante descobrir, por meio dos gostos de cada um, as necessidades, a maneira de pensar e se expressar, cada criança desenvolve junto a sua família maneiras diferentes de se comunicar. Essa comunicação pode ser de modo verbal e não verbal. As expressões, a forma linguagem corporal e a forma de se colocar, percebendo o tom de voz, o olhar, as atitudes em relação às questões do dia a dia. Mas sempre é importante entender a intensidade e o tom de voz de cada uma delas, pois normalmente cada um tem suas características. Quando falamos de crianças de 0 a 3 anos, estamos falando de uma fase com grandes transformações, pois existiram processos que foram vencidos e amadurecidos e o tempo passou muito rápido.

Cuidar do cuidar

Quando cuidamos da necessidade fisiológica da criança, contribuímos para o bom desenvolvimento de corpo e mente.

Quando não cuidamos da necessidade fisiológica da criança, despertamos nela insegurança, baixa autoestima e até distúrbios alimentares. Como a família atende essa necessidade?

- Oferecendo alimentos saudáveis e variados.
- Criando uma rotina de sono adequada a cada fase da criança.
- Mantendo um ambiente limpo.
- Ensinando bons hábitos de higiene.

Essas questões muitas vezes esbarram em vários pontos como, por exemplo, nas questões culturais. Cada família traz consigo orientações e costumes de ancestrais que efetivamente podem não se encaixar com a realidade daquela criança no momento e isso torna tudo mais difícil para o pequeno que acaba se prejudicando por falta de entendimento de suas necessidades no dia a dia. Algumas informações tiradas da internet também são insuficientes, pois geralmente são generalizadas e não falam de forma individual sobre os cuidados que devemos ter com as crianças, mais problemas.

Hoje muitas ações são acompanhadas pela praticidade que não traz qualidade, o consumo excessivo de açúcar, os alimentos industrializados e o isolamento na hora da alimentação fazem que esse cuidado fique fabricado e não construído de modo saudável. Orientar as famílias nessa construção traz muitos benefícios, como o fortalecimento dos laços com qualidade. Assim, cuidar da hora da alimentação das crianças é um momento bem interessante para criar laços. Este momento pode se tornar algo muito produtivo e de muitos encontros inesquecíveis para toda a família.

Criar intimidade

Na gestação, a mãe passa pela magia dos primeiros contatos com essa nova vida. O momento do parto é seguindo pelas novas descobertas, como o primeiro sorriso, no decorrer do crescimento, a primeira papinha e o primeiro passo. A experiência da maternidade se mostra única e intensa. E atire a primeira fralda a mulher que não se emocionou ao ouvir seu bebê dizer "mamãe" pela primeira vez... No dia a dia, podemos orientar a família a trabalhar com o contato físico, por meio do abraço, do cafuné, do olho no olho e do sorriso, é algo que cria um forte laço afetivo de intimidade, especialmente entre os integrantes da família e seus filhos. Demonstrar real interesse pelas ações do seu filho, e o abraçar sempre que possível, é uma atitude que traz resultados positivos. Especialmente quando eles vão crescendo e começam a interagir com o mundo de maneira mais independente. Se participar de maneira integral e próxima das crianças, a intimidade acontece naturalmente.

Para Virginia Satir, quatro abraços diários são necessários para a nossa sobrevivência; oito, para a manutenção e 12, para nosso crescimento. Abraçar é um gesto simples e cotidiano. Nossa ideia é criar contato físico mesmo: abrace seu filho todos os dias quando ele acordar e sempre que ele estiver indo dormir.

> O corpo fala e fala mesmo. Aponta as mentiras, expõe verdades inconscientes, reforça as ideias, dá ênfase à comunicação, favorece ou dificulta o entendimento e promove a interação com emissor e receptor da mensagem. Sendo assim, a linguagem funciona como um meio de manutenção ou criação de relações de poder e controle (SCHELLES, 2008).

Brinquem com os pequenos

Quando falamos com as famílias sobre essa questão, muitas torcem o nariz, pois acreditam que brincar é perda de tempo ou que não tem sentido para dar atenção às crianças brincando. Podemos informar as famílias que brincar com as crianças e fazer bagunça com elas são práticas que estão relacionadas à infância e à linguagem da criança, além do que, ao brincar, o corpo da criança libera endorfinas e oxitocina, o que dá a sensação de bem-estar e ajuda a criar laços estreitos entre vocês.

Criar situações diárias que envolvam o riso e a diversão vai fazer que os pequenos cresçam com menos ansiedade e se sentindo conectados às pessoas. Orientar nas escolhas das brincadeiras para que esses momentos tenham qualidade é deixar clara a importância da fantasia na vida dos pequenos, pois, ao brincar, eles criam valores sobre cooperação e liderança. Porém, precisamos entender que essas brincadeiras não incluem as telas (tecnologias), que precisam ficar de lado.

É muito importante orientar a conduta desse adulto quando estiver brincando com as crianças por exemplo, não mexer no celular, nem fazer que a criança se sinta estressada com o excesso de fotos que tira dela. Para a criança, seu amor vale mais na permanência com ela do que nas fotos do Instagram. Quando não há interferências tecnológicas, a conexão fica mais fácil e verdadeira. Se a família possui mais de uma criança em casa, é bacana que dedique um tempo exclusivo a cada uma delas. Estamos falando aqui de algo como 15 minutos por dia. Nesse tempo você deve mostrar interesse e atenção para a criança com a qual estiver interagindo. Demonstrar acolhimento e atenção.

Deixe as crianças chorarem

Muitas famílias nos procuram com a queixa de que as crianças choram muito, e que acreditam que isso se dá porque estão sofrendo por algo ruim. Nem sempre isso é verdadeiro. O choro é um meio de comunicação, que pode ser por um desconforto ou para sinalizar qualquer outra questão. Às vezes, o choro da criança vem na hora que você menos espera, mas crianças choram e sempre vai ser assim.

Deixar que seu pequeno chore é uma boa maneira de mostrar a ele que tem a oportunidade de mostrar seus sentimentos e, além do mais, podemos aproveitar a ocasião para ajudá-lo a lidar com problemas. Orientar o adulto a trabalhar essa questão do choro também traz grandes avanços para processo da comunicação entre ambos. Não diga à criança que o choro dela deixa você triste ou com raiva – em vez disso, demonstre compaixão e interesse em ajudar e entender o que acontece por trás daquele choro. Quando a criança sente que a frustração ou a raiva é compreendida, ela começa a aprender a lidar com esses sentimentos com mais facilidade. É difícil não demonstrar falta de paciência ou irritabilidade diante da criança que chora tanto, mas se você aprender um jeito de entender o que acontece terá os melhores resultados.

O diálogo entre adultos e crianças

O diálogo é um dos alicerces de um bom relacionamento entre adultos e crianças. Orientar as famílias nesse ponto é muito importante. Ainda durante a primeira infância, perguntar sobre como foi o dia na escola, como ela se sente quando brinca com outra criança ou até mesmo se gostou de comer determinado alimento e outras questões cotidianas demonstra atenção e desperta a sensação de acolhimento. Os adultos devem estar atentos em construir uma relação com naturalidade nesse processo.

Quando essas ações são recorrentes desde o início da vida, é muito provável que, com o amadurecimento, a criança se torne um adolescente mais aberto a dividir aflições e consiga lidar melhor com todas as sensações das transformações e mudanças que marcam esse período. Pais, educadores e toda a sociedade podem se engajar com a causa, buscando nem que seja fazer o melhor pelos bebês e pelas crianças pequenas com quem convivem.

Diante do desconhecimento de como lidar bem com os filhos, os pais têm bastante interesse em aprender. Professores e outros profissionais com conhecimento na área podem ajudar. Usar palavras gentis, criar um bom relacionamento e melhor comunicação com seu filho. Falar com apreço e respeito faz que as crianças tenham melhor autoestima, o que lhes permite prosperar.

Segundo Sayão (2006), estamos construindo um mundo com crianças sem infância e adultos imaturos. É preciso ser grande e ter coragem para aceitar o título de ser mãe ou pai careta. Em vez de "Não acredito, eu disse que iria quebrar se você brincasse com isso no banheiro", diga "Vamos pegar a pá de lixo e limpar. Acidentes acontecem". As boas ações possuem mais representatividade do que as ameaças.

Crianças pequenas não conseguem interpretar deboches ou ironias. Nós já fomos crianças um dia e sabemos que essa fase pode ser muito difícil e confusa algumas vezes. Tentar achar formas melhores para lidar com os sentimentos dos pequenos é uma maneira de demonstrar seu amor e dar todo o suporte necessário para que possam se comunicar de forma clara. A boa comunicação pode tornar o lar mais saudável e ajuda a manter um bom convívio entre todos, oferecendo às crianças confiança, dignidade e respeito.

Referências

SAYÃO, R. *Educação sem blá, blá, blá*. São Paulo: Três Estrelas, 2016.

SCHELLES, S. A importância da linguagem não verbal nas relações de liderança nas organizações. *Rev. Esfera*. 2008. Disponível em: <http://www.fsma.edu.br/esfera/Artigos/Artigo_Suraia.pdf>. Acesso em: 1 jun. de 2019.

21

OS DESAFIOS EMERGENTES NA EDUCAÇÃO PARENTAL

O texto destaca a jornada desafiadora, mas gratificante, da parentalidade na sociedade contemporânea. Explora os desafios emergentes na educação parental, analisando questões complexas que envolvem orientar crianças e adolescentes. Destacam-se desafios como insegurança ao estabelecer limites, lidar com expectativas ideais dos filhos, pressão acadêmica e outros. O capítulo busca compreender e abordar esses desafios, reconhecendo sua influência direta no crescimento e no bem-estar das novas gerações.

SIMONE BORGES

Simone Borges

Natural de Belo Horizonte, mora nos Estados Unidos há 16 anos. Casada há 16 anos e mãe de dois filhos lindos, Ana Silvia, de 14 anos, e Lucas Francisco, de 9 anos. Trabalha como babá há 15 anos e atua como educadora parental e *coach* familiar na condução de processos individuais, *workshops* e palestras. Formação em Expert Parent Coaching. Especialista em Parent Coaching Teen, adolescência blindada, Disciplina Positiva, Clínica do adolescente, SERMEP, Como melhorar a comunicação com seu Adolescente, Educação Parental, Adolescência com Respeito e Parceria.

Contatos
ana-borges-@hotmail.com
Instagram: @reconectando.familias
+1 978-473-4567

Discussão sobre a necessidade de adaptação às mudanças tecnológicas e sociais para uma educação mais eficaz

A educação parental enfrenta desafios em um mundo dinâmico, exigindo adaptação às mudanças sociais e tecnológicas. Pais enfrentam a complexa tarefa de equilibrar valores tradicionais com as demandas de uma sociedade em transformação.

Mudanças sociais, como dinâmicas familiares evolutivas e expectativas culturais mutáveis, demandam flexibilidade dos pais. As inovações tecnológicas apresentam desafios e oportunidades únicas, expondo as crianças a influências digitais.

A capacidade dos pais de se adaptarem à evolução social e tecnológica é crucial para a eficácia da educação parental. A compreensão e o uso responsável da tecnologia são essenciais para acompanhar as experiências on-line dos filhos e orientá-los diante de desafios digitais.

Discutir a importância dessa adaptação é essencial para preparar os pais a orientarem eficazmente seus filhos, fortalecendo os laços familiares para enfrentar um mundo em constante transformação.

Famílias devem estar cientes da constante evolução na dinâmica familiar e expectativas sociais. Antigos padrões podem não ser aplicáveis, exigindo flexibilidade e receptividade a novas perspectivas, como respeito à diversidade.

A aceitação e a empatia são fundamentais para criar ambientes inclusivos e tolerantes. Os pais devem guiar seus filhos nessa direção.

A tecnologia desempenha papel vital na vida de crianças e adolescentes, integrando-se à educação e entretenimento. Pais devem estar cientes dos riscos, como *cyberbullying*, educando os filhos sobre o uso responsável da tecnologia e estabelecendo limites realistas.

Além disso, devem explorar formas positivas de incorporar a tecnologia na educação, enriquecendo o aprendizado e a criatividade com supervisão.

Empoderando nossos filhos – a jornada para fortalecer a autoestima diante das pressões das mídias sociais e a transformação da autoimagem

A natureza atual das mídias sociais traz consigo um fenômeno complexo: a constante comparação com os outros, desencadeando frequentemente sentimentos de inadequação e uma autoestima debilitada. As plataformas virtuais estão repletas de fotos meticulosamente retocadas, gerando uma visão distorcida de como uma pessoa "deveria" parecer. Considere a adolescente média, diariamente bombardeada com imagens de influenciadores exibindo corpos "perfeitos". A pressão para atender a esses padrões inatingíveis afeta profundamente a autoimagem dos jovens, muitos ainda em pleno desenvolvimento.

Essa realidade torna-se ainda mais complexa para as famílias, que se sentem desamparadas diante desse cenário. As redes sociais penetraram tanto na vida cotidiana dessa nova geração que uma existência desconectada da internet parece inconcebível. Os pais enfrentam o desafio de equilibrar obrigações profissionais e domésticas com a necessidade de comunicação aberta e acompanhamento das atividades on-line dos filhos. A falta de tempo e compreensão por parte dos pais leva os filhos a resistirem às tentativas de impor limites ao uso das mídias sociais.

Nessa dança complexa entre pais e filhos, o equilíbrio entre o mundo on-line e off-line torna-se essencial, mas esquivo em um mundo cada vez mais digital. O desafio constante é manter limites e expectativas consistentes, pois os filhos testam repetidamente as barreiras estabelecidas. Encontrar esse equilíbrio torna-se crucial para pais e filhos, à medida que enfrentam os desafios da era digital.

Enfrentar as expectativas alheias sobre o maternar/paternar (famílias se sentem julgadas)

A sociedade frequentemente impõe padrões e preconceitos quando se trata de maternidade e paternidade, o que pode envolver previsões sobre a forma como os progenitores devem zelar, educar e orientar seus filhos. Essas previsões, em sua maioria, desencadeiam sentimento de insegurança.

Comentários negativos e a constante comparação com outros pais corroem a autoestima dos progenitores e têm um impacto prejudicial na confiança em relação às próprias capacidades parentais.

Por exemplo, mães frequentemente enfrentam pressões sociais para serem "supermães", esperando que sejam excepcionalmente competentes em todas as áreas da maternidade, como a amamentação, a organização de atividades extracurriculares e a manutenção de um equilíbrio perfeito entre a carreira e a família.

Da mesma maneira, os pais podem se sentir encurralados em papéis estereotipados que os obrigam a ser o "provedor principal" e a suprimir as emoções, levando a uma sensação de insegurança e inadequação.

Desvendando as necessidades individuais dos filhos

É fundamental reconhecer as necessidades individuais do filho, pois cada estágio de desenvolvimento traz consigo demandas específicas. Por exemplo, quando um filho está na fase da primeira infância, ele pode precisar de atenção constante, cuidados básicos e estímulo para o desenvolvimento cognitivo.

À medida que as crianças crescem e entram na adolescência, surgem desafios diferentes. Por exemplo, um adolescente pode necessitar de espaço para autonomia e, ao mesmo tempo, apoio emocional para enfrentar as pressões da escola e da vida social.

Os pais devem estar conscientes das características típicas de cada fase de crescimento. Isso inclui entender que crianças em idade pré-escolar podem passar por birras frequentes, enquanto adolescentes podem enfrentar questões de identidade e pressão dos pares.

Não existe um manual único que funcione para todas as crianças, mas a chave está em ser sensível e flexível. Por exemplo, se um filho demonstra interesse em atividades artísticas, os pais podem incentivar essa paixão, fornecendo materiais e apoio. Se outro filho é mais inclinado às atividades esportivas, os pais podem apoiar seus esforços atléticos.

A jornada de entender as necessidades de cada filho é contínua e desafiadora, mas a educação, a paciência e a disposição para aprender com cada filho são fundamentais para criar um ambiente de crescimento saudável e feliz.

Lidando com a insegurança na definição de limites com filhos

Criar filhos é uma responsabilidade imensa que desafia a habilidade dos pais. Um dos primeiros dilemas que frequentemente assombra os pais é encontrar o equilíbrio adequado ao definir limites.

Essa questão suscita inquietação, pois a incerteza paira sobre a eficácia do modelo educacional adotado. A hesitação em determinar o ponto em que a proteção deve ceder espaço para o aprendizado com erros gera ansiedade.

Os pais aspiram a nutrir um vínculo sólido com seus filhos e, frequentemente, questionam como fazer isso sem comprometer princípios e valores essenciais.

É crucial compreender que estabelecer limites nítidos e consistentes desempenha um papel vital na segurança e estabilidade emocional dos filhos. Implantar restrições não é sinônimo de frieza; ao contrário, serve como uma plataforma para transmitir princípios essenciais, tais como responsabilidade e respeito pelo próximo.

Comunicar de modo aberto e afetuoso os motivos por trás das regras ajuda as crianças a entender que essas limitações surgem do amor e cuidado dos pais. Por exemplo, explicar que a regra de voltar para casa antes do anoitecer visa garantir a segurança da criança.

Desafios e aprendizados: lidando com as expectativas de um "filho ideal"

Ao se depararem com a notícia emocionante da iminente parentalidade, muitos já começam a imaginar o futuro de seus filhos. Expectativas se formam influenciadas por diversos fatores, como cultura, experiências pessoais e valores familiares, centrando-se na visão do "filho ideal". Por exemplo, um casal com formação em música pode sonhar com um prodígio musical como descendente.

No entanto, à medida que a jornada parental avança, a realidade muitas vezes se revela diferente do imaginado. Suponha que os pais, sonhando com um músico, se deparem com um filho talentoso em matemática, mas sem entusiasmo pela música. Essa discrepância entre sonho e realidade pode gerar frustração.

À medida que os filhos crescem, as expectativas em relação ao "filho ideal" continuam a evoluir. Por exemplo, os pais podem esperar um atleta, mas o jovem pode descobrir seu chamado nas artes plásticas. Aceitar os filhos como são, sem tentar forçá-los a se encaixarem em padrões preconcebidos, torna-se um dos maiores desafios para os pais.

A pressão para atender às expectativas parentais pode ser avassaladora para crianças e adolescentes. Por exemplo, um adolescente apaixonado por literatura pode se sentir diminuído quando os pais insistem em uma carreira médica. Nesse contexto, os pais precisam lembrar que as diferenças individuais tornam os filhos especiais. Valorizar o filho músico em um mundo de matemáticos, ou o filho artista em meio a atletas, é uma dádiva.

Ao abraçar as paixões e habilidades únicas dos filhos, os pais permitem que eles floresçam, cultivando autoestima e confiança, construindo relacionamentos sólidos baseados em aceitação e amor incondicional. O "filho ideal" é aquele que é verdadeiramente ele mesmo, não uma projeção das expectativas parentais.

Reconhecer quais são os comportamentos típicos de cada fase

Ter um profundo entendimento das fases de desenvolvimento de crianças e adolescentes é a chave fundamental para a eficácia na educação. Os pais devem compreender que cada etapa de crescimento apresenta desafios distintos. Por exemplo, durante a primeira infância, crianças costumam ter necessidades emocionais de segurança e apego, enquanto na adolescência, buscam independência e identidade.

Esse conhecimento não apenas fornece clareza sobre as necessidades emocionais e cognitivas de seus filhos, mas também possibilita a oferta do apoio adequado.

Saber que um adolescente está passando por uma fase de busca de identidade pode ajudar os pais a lidar com a rebeldia de maneira mais compreensiva e construtiva, contribuindo para um relacionamento mais harmonioso e eficaz.

Portanto, estar ciente das distintas etapas de desenvolvimento é a chave para uma educação mais efetiva e para o crescimento saudável de seus filhos e melhor conexão com ele.

Como a educação parental e o apoio dos educadores parentais podem desempenhar um papel fundamental no auxílio às famílias para enfrentarem e vencerem esses desafios?

A educação parental desempenha um papel essencial na orientação das famílias, capacitando pais e mães a cultivarem confiança e resiliência. Isso permite que eles desempenhem o papel de educadores de seus filhos de maneira amorosa e significativa, livres do peso de julgamentos externos e expectativas esmagadoras.

Reconhecer que a maternidade e a paternidade são experiências individuais, sem um único caminho para o sucesso, fortalece os pais em suas escolhas, minimizando o impacto das opiniões alheias.

Nesse contexto, educadores parentais desempenham um papel crucial ao oferecer orientação e apoio personalizados, auxiliando os pais na compreensão da dinâmica familiar e na identificação de como ela afeta o desenvolvimento de cada membro da família.

Por meio de um processo de educação parental, os pais obtêm acesso a informações e estratégias práticas que os capacitam a redefinir suas abordagens educativas, criando um ambiente familiar cooperativo e harmonioso que facilita a jornada na parentalidade.

Educadores parentais desempenham um papel fundamental na promoção de uma educação respeitosa e não tradicional, oferecendo orientações e estratégias práticas para as famílias.

Aqui estão alguns exemplos concretos de como eles podem ajudar:

- Compreensão das necessidades individuais: um educador parental pode ajudar os pais a reconhecer que cada criança é única, com as próprias necessidades, ritmos e interesses. Eles podem orientar os pais a adaptar a abordagem educativa para atender a essas diferenças, permitindo que cada criança floresça.
- Comunicação eficaz: educar de maneira respeitosa envolve uma comunicação aberta e empática. Educadores parentais podem ensinar técnicas de comunicação eficaz, como escuta ativa, para que os pais possam estabelecer um diálogo construtivo com os filhos.
- Resolução de conflitos: ensinar métodos de resolução de conflitos construtivos é essencial. Os educadores parentais podem oferecer estratégias para lidar com desentendimentos e desafios de maneira respeitosa, evitando punições severas e promovendo a resolução pacífica.
- Limites claros e flexíveis: um educador parental pode ajudar os pais a estabelecerem limites claros, mas flexíveis, que se ajustem às necessidades das crianças à medida que crescem e se desenvolvem. Isso permite que as crianças tenham autonomia dentro de parâmetros seguros.
- Apoio emocional: educadores parentais podem auxiliar os pais a reconhecerem e lidarem com as próprias emoções, ajudando-os a responder de maneira calma e compassiva aos desafios emocionais dos filhos.
- Métodos não punitivos: em vez de recorrer a punições tradicionais, os educadores parentais podem apresentar alternativas, como o uso de consequências lógicas e métodos de reparação, para ensinar responsabilidade e empatia.

- Modelagem de comportamento: os educadores parentais podem incentivar os pais a modelarem o comportamento que desejam ver em seus filhos, criando um ambiente em que o respeito mútuo é valorizado.
- Recursos educacionais: fornecer materiais educativos, como livros, artigos e atividades práticas, que ajudem os pais a compreender e aplicar abordagens de educação respeitosa e não tradicional.
- Apoio contínuo: além de oferecer orientação inicial, os educadores parentais podem estar disponíveis para responder a perguntas e preocupações em curso, fornecendo apoio contínuo à medida que as famílias incorporam práticas de educação respeitosa em sua vida cotidiana.

Esses exemplos demonstram como educadores parentais desempenham um papel vital na capacitação das famílias a adotar uma abordagem de educação respeitosa e não tradicional, promovendo relacionamentos saudáveis e positivos entre pais e filhos.

Referências

MONTEIRO, H. *A geração do quarto: quando crianças e adolescentes nos ensinam a amar*. 4. ed. Rio de Janeiro: Record, 2022.

SIEGEL, D. J. *Cérebro adolescente: a coragem e a criatividade da mente dos 12 aos 24 anos*. São Paulo: nVersos, 2016.

SIEGEL, D. J.; BRYSON, T. P. *O cérebro da criança: 12 estratégias revolucionárias para nutrir a mente em desenvolvimento do seu filho e ajudar sua família a prosperar*. São Paulo: nVersos, 2015.

SIEGEL, D. J.; HARTZELL, M. *Parentalidade consciente: como o autoconhecimento nos ajuda a criar nossos filhos*. São Paulo: nVersos, 2020.

22

ABUSO SEXUAL INFANTOJUVENIL

É PRECISO CONHECER PARA PROTEGER

Estima-se que, a cada hora, três crianças sofram violência sexual no Brasil. Para interrompermos um abuso em andamento, precisamos conhecer os sinais e sintomas que a vítima manifesta, bem como as estratégias utilizadas pelo abusador. Os pais podem diminuir a incidência dos abusos sexuais ao construírem uma educação que se proponha a refletir sobre a manifestação e o exercício saudável da sexualidade.

TATIELLY BONAN

Mateus Baião

Tatielly Bonan

CRP 1314/16

Psicóloga graduada pela UFSJ em 2004, especialista em Filosofia e Psicanálise (UFES), Intervenção Sistêmica com Famílias (FDV), Terapia Cognitivo-comportamental (UNIFIA), cursando Educação Parental e Inteligência Emocional (Academia Parent Brasil). Há 20 anos, dedica-se à prática clínica, é palestrante, docente de pós-graduações, colunista e consultora de temas da psicologia e comportamento humano para a mídia televisiva e escrita. Criadora do método "Borboletas Guardiãs – Protocolo de Atendimento às Vítimas de Violência Sexual", e autora de *As 7 lições de Sarila, a Borboleta Guardiã.*

Contatos
tatiellybonan@yahoo.com.br
jardimdasborboletasguardias@gmail.com
Instagram: @tatiellybonan
@borboletasguardias
Facebook: Programa Family Care
YouTube: Programa Family Care
28 99959 0650

A violência sexual é uma situação grave para a qual muitas pessoas fecham os olhos e, assim, ilusoriamente, pensam não existir. Mas o problema está aí, vivo e se alastrando. Como saber se não estaria acontecendo com um dos seus amados filhos, conhecidos ou pacientes?

Vamos considerar três casos clínicos com características diferentes, que ilustram importantes sintomas para os quais devemos nos atentar:

- Homem, 34 anos: quando criança se isolava, chorava muito, era submisso, tentava agradar as pessoas, mentia e tinha baixo rendimento escolar. Ao longo dos anos, apresentou baixa autoestima, autodepreciação, crises de ansiedade e pensamentos suicidas. Foi abusado dos 4 aos 6 anos de idade pelo primo que era 9 anos mais velho. Manteve segredo por 26 anos.
- Mulher, 28 anos: criada em meio a muitos meninos, era tida com uma criança atirada, fogosa e com conhecimento sexual precoce. Na idade adulta, sofreu de depressão e falta de desejo sexual. Foi abusada dos 11 aos 16 anos de idade pelo enteado da mãe que era 2 anos mais velho. Manteve segredo por quatro anos.
- Adolescente, 16 anos: quando criança, parou de brincar, deixou de cuidar da aparência, não confiava nas pessoas e emagreceu muito. Passou a se mutilar, a ter crises de ansiedade severas e três episódios de surtos psicóticos. Precisou abandonar a escola e evitou contatos físicos com os familiares. A cada semana, iniciava um novo relacionamento que

acabava em questão de dias. Foi abusado dos 9 aos10 anos de idade pelo tio da mãe. Manteve segredo por cinco anos.

O que mais chama atenção é o fato de esses abusos terem sido cometidos por familiares das vítimas e revelados após muitos anos. O que podemos aprender com esses padrões?

O abuso sexual pode ser classificado de acordo com a relação que o agressor mantém com a vítima. São duas as modalidades:

- Abuso sexual intrafamiliar: existe um laço familiar entre o abusador e a vítima de consaguinidade (pais, irmãos, tios, primos e avós), afinidade (padrastos, madrastas e cunhados) ou responsabilidade (guarda, tutela ou adoção). O abuso intrafamiliar responde por mais de 80% dos casos registrados.
- Abuso sexual extrafamiliar: o agressor não compõe o grupo familiar da vítima. Embora possa ser uma pessoa desconhecida, normalmente é alguém que a vítima já conhece e confia, pois costuma estar em seus ambientes de socialização.

Talvez você possa estar se perguntando por que a vítima passa por tudo isso calada e não busca ajuda. Seu silêncio é uma importante conquista do abusador, e faz parte de uma das cinco fases que compõem a dinâmica do abuso sexual:

- Envolvimento: o abusador cria estratégias para se aproximar da vítima, e para que ninguém desconfie de suas intenções, costuma parecer amigável, solícito, disposto a ajudar com as tarefas escolares, ensinar algum esporte ou instrumento musical, brincar ou conversar. Costuma fazer que a futura vítima se sinta especial, lhe oferecendo um tratamento diferenciado, privilégios ou presentes.
- Interação: compreende a progressão dos atos abusivos praticados. Depois de envolver a vítima e conquistar sua confiança, o abusador passa das brincadeiras e carinhos aparentemente inofensivos aos atos criminosos. Os abusos podem iniciar sem contato físico: o agressor pode manter conversas sobre sexo, exibir os órgãos genitais, pedir para ver ou fotografar as partes íntimas da vítima, ou ainda mostrar

imagens e vídeos pornográficos. É comum o abuso evoluir para o contato físico genital, que inclui beijos, carícias nos órgãos genitais, tentativas de relações sexuais, masturbação, sexo oral e penetração vaginal e anal com a utilização de dedos, pênis ou objetos.

• O silêncio da vítima pode ser mantido por meio de severas ameaças por parte do abusador. Ele pode, por exemplo, dizer: "Se você contar: eu vou embora e quero ver como vocês vão comer; sua mãe ficará brava; ninguém vai acreditar em você; vão te mandar embora; eu machuco sua irmã; eu vou ser preso; eu vou matar sua mãe". Recompensas materiais e afetivas também são importantes fatores que mantêm uma vítima em silêncio. Ela pode manter segredo sobre os abusos por ser negligenciada emocionalmente por seus familiares, e o contato com o abusador, ainda que inadequado, ser toda fonte de carinho que recebe, um momento em que se sente valorizada e especial para alguém. Mesmo que o abusador não peça segredo, ela pode mantê-lo por gratidão à atenção ou presentes recebidos. Ou, ainda, a vítima pode estar sentindo prazer com os estímulos sexuais e não deseja que parem, pois a interação sexual faz que se sinta mais experiente e valorizada no grupo social.

• Revelação: raramente as vítimas de violência sexual, em especial as crianças e os adolescentes, contam espontaneamente o que está acontecendo. A revelação do abuso pode ocorrer de dois modos:

– Revelação acidental: ocorre quando o abuso é flagrado, quando alguém nota mudanças de comportamento na vítima, ou quando há evidências de danos físicos, como marcas no corpo, sangue na roupa, dificuldade em andar, presença de infecção sexualmente transmissível ou gravidez.

– Revelação proposital: ocorre quando a vítima conta o que está acontecendo, seja para colocar fim aos abusos ou para evitar que outro familiar seja abusado. Quando é o agressor que revela, a intenção é se gabar diante de um grupo ou para convencer outra possível vítima a se relacionar com ele também.

Após a revelação, as famílias podem vivenciar cenários diferentes. Em algumas, pode haver agressões entre os familiares, retaliação da população, presença da polícia e exposição na mídia. Já em outras famílias, a revelação se dá em âmbito mais privado e o abuso pode ficar acobertado e, inclusive, continuar acontecendo.

- Supressão: dependendo de como o abuso foi revelado e da repercussão familiar, cada vítima pode se sentir de um jeito. Enquanto algumas serão enfim protegidas e se sentirão aliviadas com o fim dos abusos, outras passarão por mais violência física, emocional ou institucional. Tem familiar que não acredita na vítima, a responsabiliza pelo ocorrido e a culpa pelas consequências decorrentes do afastamento ou prisão do agressor. Essa intimidação, somada ao medo, à culpa e à vergonha, pressionam a vítima de tal modo que a faz voltar atrás em seu depoimento e negar que os abusos tenham acontecido.

A vivência dos abusos e os desdobramentos de sua descoberta podem gerar muitos sentimentos simultâneos que deixam a vítima confusa, sobretudo quando o abuso é intrafamiliar. A vítima pode se deparar com a presença de sentimentos antagônicos por seu abusador, pois, ao mesmo tempo que o ama, pode odiar, sentir nojo, raiva ou medo. A vítima pode se culpar por essa mudança de sentimentos e se questionar se deve ou não continuar gostando de alguém que a machucou, ou se sentir mal por justamente gostar de quem a agrediu.

Essa avalanche de acontecimentos pode gerar distorções sobre os sentimentos e suas funções, ficando a vítima prejudicada na capacidade de reconhecimento, expressão e gestão de seus estados emocionais. Essa desregulação emocional, decorrente do processamento inadequado das emoções, pode impactar e prejudicar severamente suas relações afetivas, sociais, laborais e acadêmicas.

São tantos os prejuízos associados aos abusos sexuais que se torna imprescindível não apenas o tratamento psicológico pelo qual a vítima deve passar, mas sobretudo a prevenção de tal situação. Mas o que podemos fazer para protegermos as crianças e os adolescentes?

Predadores sexuais estão em toda parte, e não são monstros facilmente perceptíveis dos quais iríamos imediatamente correr. São sorrateiros, os sinais de alerta são sutis, o que dificulta que desconfiemos dos olhares lascivos e das más intenções com as crianças e os adolescentes.

Como geralmente as iniciativas do abusador se agravam progressivamente ao longo dos meses, que estratégia uma família pode usar para que, dentro desse intervalo que antecede a interação sexual, uma criança ou um adolescente relate que algo estranho ou desconfortável está acontecendo? A resposta está na abertura que essa família dá ao diálogo, na capacidade que possui de observar e ouvir, inclusive o que não é dito por palavras.

Ainda que a vítima em potencial não relate as investidas do abusador, o comportamento dela pode denunciar que algo dessa natureza está acontecendo. São pequenos sinais que devem ser levados a sério pelos pais e que demandam uma conversa investigativa, como um filho que repentinamente diz não gostar mais de certa pessoa, que não quer ir à casa de um parente, ou não quer mais dar abraços e beijos em alguém específico. Muitas famílias ignoram esses fatos e, em vez de dialogarem sobre o assunto, simplesmente obrigam os filhos a se comportarem de determinado modo.

Procuro conversar sobre sexualidade com meus pacientes e seus pais. E quase todas as famílias usam exclusivamente a mesma estratégia para evitar que os abusos sexuais ocorram, a de proibir seus filhos de dormirem na casa de parentes e amigos.

Abusos podem ocorrer em qualquer lugar, na aula de música, no futebol, na igreja, na escola, no judô, em casa... Não existe lugar a ser julgado como obviamente seguro. É praticamente impossível proteger um filho apenas dessa maneira, tentando controlar os espaços que frequenta.

O que protege é a educação sexual, é inserir no cotidiano os assuntos que se referem à construção da sexualidade, suas manifestações sadias e as inapropriadas de acordo com os valores familiares e a legislação brasileira. Isso se faz ensinando sobre quem pode tocar em quais áreas do corpo, respondendo sem pudor ou mentiras às perguntas sobre reprodução humana e interações amorosas, alertando sobre situações perigosas e relacionamentos abusivos, entre outros. Quando os filhos sabem que esse assunto não é tabu e tem espaço de reflexão na família, os pais aumentam significativamente as chances de eles contarem se algo começar a acontecer.

Em nossa cultura, grande parte das manifestações de afeto é expressa por toques físicos, que podem ser mais ou menos apropriados, dependendo do contexto e das pessoas envolvidas. Embora nos pareça natural tocar as pessoas, algumas preferem manter o mínimo de contato possível, e isso precisa ser respeitado para não gerarmos desconforto. Tocar o outro exige permissão.

O termo *consentimento* se refere exatamente a essa permissão, essa concordância voluntária de um indivíduo em situação capaz de tomar essa decisão. Essa competência se forma ao longo dos anos, pelo amadurecimento emocional e cognitivo. Portanto, ainda que uma criança ou um pré-adolescente permita que seu corpo seja tocado nos lugares impróprios para a idade, como que "consentindo" com o abuso, ele não detém a capacidade de fazê-lo, por isso a justiça configura o ato como estupro.

Os pais devem ensinar seus filhos sobre a autonomia corporal, sobre o direito que possuem em fazer escolhas acerca do próprio corpo. Se na infância o assunto gira em torno das práticas de higiene e idas aos serviços de saúde física e bucal, na adolescência o tema se torna mais complexo, envolvendo tópicos como a iniciação sexual, uso de contracepção, direito reprodutivo, entre outros. Porém, essas escolhas não podem ser definidas a partir de violência, ameaça, chantagem ou gratificação, pois isso desconfigura o conceito de autonomia.

Quando os pais forçam um filho a demonstrar afeto fisicamente, com beijos e abraços, em pessoas que ele não deseja expressar desse modo ou naquele momento, estão dizendo indiretamente que ele não possui a liberdade de escolher por si só como deseja tocar e ser tocado. Ao fazerem isso, os pais prejudicam o desenvolvimento da autonomia corporal e podem tornar seu filho vulnerável aos possíveis abusos.

As crianças e os adolescentes que são educados para desenvolverem autonomia corporal e são conscientes do direito que possuem de consentirem ou não com determinados toques físicos têm mais condições de se protegerem diante da ameaça de um abuso sexual, sobretudo na fase de envolvimento, quando a agressão ainda não ocorreu. Por isso é tão importante que eles percebam claramente os sentimentos evocados durante a interação com outras pessoas, que possam manifestar que não desejam ser tocados de determinada maneira e, sobretudo, que saibam a quem recorrer caso precisem de ajuda.

Que possamos manter os olhos abertos para assumirmos o papel de educadores em sua totalidade, ultrapassando nossas dificuldades pessoais acerca da complexa manifestação da sexualidade, a fim de incluirmos o tema no cotidiano familiar, e assim, de fato, protegermos as crianças e os adolescentes do sofrimento que advém da violência sexual. E, na ocorrência do abuso, que saibamos o quanto é imprescindível uma capacitação especializada em abuso sexual por parte do profissional, para que a vítima e seus familiares recebam um tratamento psicológico compatível com as particularidades que os casos de violência sexual requerem, consigam colocar fim ao sofrimento e à repetição do ciclo da violência.

23

OLHOS NA TELA, CORAÇÃO NA INFÂNCIA

ESTRATÉGIAS PARA REDUZIR O USO EXCESSIVO DE TELAS

Educar os filhos já é uma tarefa difícil. Educar os filhos na era digital pode ser ainda mais desafiador. Qual a melhor maneira de agirmos? No meu ponto de vista, devemos ter equilíbrio, pois as telas vieram para ficar. Se a criança possui idade para ter acesso às telas, o equilíbrio do uso se faz útil e indispensável. Os limites devem ser impostos desde o início. Limites e respeito são ferramentas necessárias para os adultos controlarem o uso de telas por parte de crianças e adolescentes.

VALÉRIA DE ALMEIDA DORIO

Valéria de Almeida Dorio

Psicóloga clínica há 25 anos, com atendimento infantil e orientação familiar. Professora universitária no curso de graduação em Psicologia e pós-graduação em Psicopedagogia. Mestre em Psicologia pela PUC-SP. Pós-graduação integral em Educação Parental pela Faculdade Focus – orientadora: Prof. Ma. Bete P. Rodrigues. Facilitadora do Programa de Qualidade na Interação Familiar (PQIF). Certificação internacional em Educação Parental em Disciplina Positiva pela Positive Discipline Association (PDA). Autora do livro *O fantástico mundo de Tim e sua rotina mágica* (editora Literare Books International).

Contatos
valeriapsico@hotmail.com
Instagram: @psicovaleria
11 95775 2514

Educar filhos na era digital não é uma tarefa nada fácil. A tecnologia tem se tornado cada vez mais presente na vida das pessoas, especialmente das crianças. Como consequência, os pais enfrentam um grande problema diariamente: como lidar com o excesso do uso de telas na vida das crianças. Nós, pais atuais, somos a primeira geração a enfrentar esta dificuldade, pois a era digital não fez parte da nossa infância. Sendo assim, este desafio se torna ainda maior, pois não tivemos modelos de como controlar o uso de telas.

Proibir é a solução?

Muitos pais me perguntam se a proibição dos dispositivos eletrônicos é a solução para o problema do tempo de tela excessivo das crianças. No entanto, proibir o uso de telas pode não ser a melhor abordagem (desde que a criança possua idade para usar as telas), pois pode levar a mais conflitos e resistência dos filhos. Além disso, o uso de tecnologia faz parte do nosso mundo atual e pode ser benéfico se utilizado de modo adequado.

Educar as crianças sobre o uso responsável da tecnologia em vez de proibir é uma abordagem mais eficaz. Estabelecendo limites claros para o tempo de telas, ensinamos às crianças sobre o uso responsável da tecnologia, sobre a importância do equilíbrio entre o mundo digital e a vida fora dele. Capacitamos as crianças a desenvolverem habilidades sociais, emocionais e cognitivas essenciais para seu crescimento e desenvolvimento saudável. Assim, contribuímos para que a criança tenha uma relação mais equilibrada e consciente com a tecnologia na fase adulta e ao longo da vida.

Em vez de proibir completamente, é importante criar uma rotina eficaz que permita que as crianças usem dispositivos eletrônicos de maneira controlada, sem prejudicar a saúde e o desenvolvimento. Uma boa rotina deve incluir atividades variadas, tempo suficiente para dormir e descansar e momentos de interação em família.

Quais os limites do tempo de tela?

Os pais se perguntam constantemente quanto tempo seus filhos podem passar on-line. Será que o excesso de tela pode ser prejudicial? A Sociedade Brasileira de Pediatria (SBP) recomenda que as crianças tenham um uso limitado de telas diariamente:

- 0 a 2 anos: zero tempo de tela.
- 2 a 5 anos: até uma hora com supervisão de um adulto.
- 6 a 10 anos: até duas horas de telas.
- 11 a 18 anos: até três horas de telas.

É importante que a criança não fique exposta à tela durante o tempo permitido sem que haja uma pausa depois de um tempo. O limite de tempo deve ser distribuído durante o dia da criança (dividido em duas ou três vezes) e devemos nos atentar para:

- não usar durante as refeições;
- desligar uma ou duas horas antes de dormir.

Sinais de alerta

É importante prestar atenção aos sinais de alerta relacionados ao uso excessivo das telas. Dificuldade para dormir, ansiedade, raiva (principalmente quando as telas são desligadas), mudanças no comportamento, hostilidade e birras são sinais a serem observados.

É crucial abordar o impacto do aumento da adrenalina em crianças durante o uso de telas, especialmente em certos jogos de videogames. A adrenalina desencadeia uma resposta de luta ou fuga, levando o corpo a liberar cortisol, o hormônio do estresse, o que pode resultar no aumento da pressão arterial e dos níveis de açúcar no sangue. Quando a criança é exposta por um período prolongado a essas situações, os níveis elevados de cortisol podem afetar o humor, contribuindo para aumentar a ansiedade. É fundamental observar o comportamento das crianças e estar atento a sinais de euforia excessiva, como aumento da frequência cardíaca, sudorese e inquietação. Ao monitorar como seus filhos reagem ao dispositivo, é possível estabelecer limites seguros para o uso de telas.

O uso excessivo de telas pode viciar?

As telas estão em todo o lugar e são muito imediatistas: os jogos são movidos por recompensas e não têm ponto de chegada. Sendo assim, facilmente podem se tornar um problema, pois esses fatores, aliados aos sintomas descritos anteriormente, podem causar dependência nas crianças e adolescentes. Em maio de 2013, a dependência em internet foi acrescentada pela primeira vez no DSM. O vício em internet está sendo reconhecido globalmente.

Períodos prolongados do uso desses jogos pelas crianças promovem a liberação constante de dopamina e faz que elas não sintam o mesmo nível de prazer por jogar o jogo, precisam jogar cada vez mais para obter o mesmo efeito. Isso se torna um círculo vicioso.

Mães, pais e cuidadores devem se atentar à falta de interesse em outras atividades, mentiras das crianças sobre o tempo que passam on-line, mudanças de humor, irritabilidade, entre outros sintomas. É importante estabelecer regras claras de segurança, monitorar as atividades on-line das crianças e ensiná-las a se protegerem e denunciarem situações de perigo.

Além dos problemas físicos e emocionais, o uso excessivo de telas pode expor as crianças a riscos virtuais, como *bullying*, cybercrimes e exposição a conteúdos inapropriados. A internet oferece muitas oportunidades para as crianças, mas também alguns riscos e perigos.

Principais ameaças on-line e como proteger as crianças de possíveis perigos:

1. *Cyberbullying*: conheça os sinais e aprenda como lidar com o assédio on-line.
2. Pornografia: prevenir o acesso às páginas não permitidas para menores.
3. Roubo de identidade: entenda a importância de manter informações pessoais seguras.

Quais os possíveis impactos do uso excessivo de telas?

- Problemas nas relações sociais: pode levar a isolamento e afetar o relacionamento social.
- Falta de atividades físicas: ficar horas em frente às telas pode levar a problemas de saúde relacionados à falta de atividade física.
- Baixo rendimento escolar: pode afetar a atenção, a concentração e o desempenho acadêmico.

Como podemos orientar as famílias a lidarem melhor com o uso excessivo de telas?

Em minha prática profissional, o uso excessivo de telas vem sendo motivo de muitos conflitos dentro de casa. De um lado, as crianças querendo ficar cada vez mais tempo no celular, TV ou videogame; de outro, os pais perdendo o controle da situação e sem saber o que fazer. É preciso enfatizar para as famílias que a criança pode ter um celular, mas o controle será da família. Aliás, este deveria ser um acordo estabelecido com a criança antes mesmo da aquisição do aparelho.

Se não for assim, não terá o aparelho. Dar o celular para uma criança e não controlar o tempo, não controlar o conteúdo e não supervisionar durante o uso, é a mesma coisa de deixar uma criança sozinha no centro de uma cidade grande: os riscos são inúmeros e podem trazer grandes consequências e prejuízos para elas.

Gosto de ressaltar também que a família prorrogue o máximo que puder para dar um aparelho para a criança e, quando o der, supervisione. O importante é sempre manter o equilíbrio. Não é necessário retirar definitivamente as telas das crianças e adolescentes, a não ser em algumas exceções como nos casos de vícios ou dependência (quando a obsessão pelo tempo de tela é grave e os pais perderam o controle). Se a criança tem idade suficiente para ter acesso às telas, o equilíbrio é a melhor opção, pois usarão a tela por toda a vida e precisam aprender a desenvolver uma relação saudável com elas. A família deve decidir que abordagem vai funcionar para ela e para seu filho e levar a decisão até o fim.

Algumas dicas a serem compartilhadas com a família:

- Rotina: estabelecer rotinas diárias que limitem o tempo de tela das crianças e adolescentes. Criar regras claras, objetivas e fazê-las com as crianças. Quando a criança ou adolescente participa da elaboração da rotina, a chance que ela tem de executá-la é bem maior.
- Limite de tempo: determinar um limite diário seguro de tempo de tela para cada criança, de acordo com a idade.
- Monitoramento: monitorar o tempo de uso do aparelho de seu filho.

- Aplicativos de segurança: usar aplicativos de segurança disponíveis para ajudar a limitar o tempo de uso do aparelho.
- Bloquear o Wi-Fi: se necessário, bloquear o acesso ao Wi-Fi nos momentos em que as telas não devem ser usadas. Por exemplo, durante o jantar ou antes de dormir.
- Manter-se firme: a criança precisa saber que a família vai se manter firme. Distraia-a, tire-a dali e tente desviar a atenção dela para outro lugar, caso resista.
- Acompanhar de perto: não basta seguir todas as dicas acima e deixar a criança usando as telas sozinha no quarto. Permitir o uso de telas em um local em que alguém da família esteja próximo para acompanhar o que ela acessa. Nenhuma estratégia é 100% confiável.
- Conversar com a criança: conversar sobre os riscos, sem alarmar ou deixá-la ansiosa. Ficar de olho nesse comportamento e policiar o uso das telas. Definir as regras juntos para o uso dessas ferramentas.
- Incentivar a criança ou adolescente a falar com a família caso se sinta ameaçado ou com medo.
- Incentivar as crianças a praticarem atividades físicas em vez de usar o aparelho durante todo o tempo livre.
- Estimular a criatividade e a imaginação com atividades como artesanato, desenho, pintura e jogos de tabuleiro.
- Ajudar as crianças a cultivarem o amor pela leitura, seja por meio de histórias de ficção ou livros educacionais.

Os benefícios do uso de telas

As telas podem ser uma ótima ferramenta para o ensino, desde que usadas com objetivos educativos claros. Jogar e assistir a filmes juntos podem fortalecer laços familiares e gerar momentos prazerosos. Jogos e apps podem incentivar hábitos saudáveis, como prática de esportes ou atividades ao ar livre.

Para desenvolver uma relação saudável com as telas, é necessário EQUILÍBRIO. O tempo de tela deve ser balanceado com outras atividades e é preciso consciência para não cair na armadilha da dependência. Crianças precisam de responsabilidades para desenvolver hábitos saudáveis.

A importância de uma rotina para as crianças

Uma rotina bem estabelecida traz segurança, estabilidade emocional e reduz a ansiedade e o estresse nas crianças, proporcionando uma sensação de controle sobre a própria vida.

Uma rotina adequada permite às crianças conhecerem melhor o mundo ao seu redor e entenderem melhor seu papel nele, favorecendo o desenvolvimento cognitivo. Também ajuda a criança a se adaptar a novos ambientes e situações, fornecendo-lhe um senso de estrutura e previsibilidade para lidar com mudanças.

Passos para uma rotina eficaz

- Necessidades são inegociáveis, mas desejos podem ser negociados. Por exemplo: tomar banho, fazer lição de casa são necessidades. Refrigerantes, doces, presentes são desejos.
- Escolha um período mais desafiador do seu dia. qual é o período mais difícil: manhã, tarde ou noite?
- Após isso, em um momento calmo, faça uma lista das ações necessárias para esse período. Lembre-se de incluir tudo e, depois, revisitar a lista para finalizar.
- Elabore um quadro de rotinas com a criança. Quando a criança participa da elaboração do quadro, a chance de ela cumprir o combinado será muito mais alta.
- A partir disso, deixe o quadro ditar o que vem a seguir na rotina. Ele será o "chefe".
- A ordem das etapas é, muitas vezes mais, importante que a hora em que acontecem. Garanta que as etapas estejam na ordem correta.
- Para que a rotina se estabeleça, é importante repeti-la consistentemente.

- A criação de uma rotina pode levar tempo, por isso, é importante praticar e ter muita paciência.
- Crianças precisam de repetição para criar rotinas eficazes.
- Praticar a rotina juntos será a chave para fazer que a rotina se torne um hábito.
- Mantenha a rotina para que ela não se torne confusa e ineficaz.
- É importante escolher algumas atividades físicas para incluir na rotina da criança, pois isso ajuda a queimar energia e manter um equilíbrio saudável.
- É importante que a rotina inclua tempo para estudo e aprendizagem, ajudando a criança a desenvolver hábitos saudáveis e uma boa disciplina cerebral.
- É importante incluir atividades criativas, de lazer e tempo livre na rotina para que a criança possa relaxar e se divertir, desenvolvendo a criatividade e a imaginação.
- É importante que a rotina inclua momentos para a higiene pessoal e para o sono, para que a criança aprenda a adquirir bons hábitos de higiene e a estabelecer uma boa qualidade de sono.
- Uma rotina eficaz ajuda a criar um ambiente de harmonia e cooperação na família e a fortalecer os vínculos afetivos entre pais e filhos.
- Uma rotina eficaz ajuda a desenvolver a autoconfiança das crianças e a sensação de segurança emocional.
- Uma rotina efetiva melhora a produtividade das crianças, ajudando-as a se concentrar nas tarefas e a aproveitar melhor o tempo.

Referências

ANGELINI, K. *Segredos da internet que as crianças ainda não sabem*. Rio de Janeiro: Verso, 2023.

KILBEY, E. *Como criar filhos na era digital*. Rio de Janeiro: Fontanar, 2018.

ZAGURY, T. *Os novos perigos que rondam nossos filhos: para papais do século XXI*. São Paulo: Bicicleta Amarela, 2017.

24

A PARTICIPAÇÃO FAMILIAR NOS PROCESSOS TERAPÊUTICOS

RESSIGNIFICANDO A PARENTALIDADE

Você acha que é pai ou mãe só pela situação de ter filhos? Gostaria de dizer que parentalidade é muito mais que isso. E nunca estaremos totalmente preparados, porque o caminho é longo e, no final das nossas vidas, nossa identidade como pais começará a tomar forma. Boa leitura.

VIVIANA BOCCARDI PALOU

Viviana Boccardi Palou

Bióloga, psicopedagoga, neuropsicopedagoga, especialista em reabilitação neuropsicológica. Como bióloga, trabalhou no setor de Neurologia Experimental (Laboratórios de Investigação Médica - LIM15) FMUSP - Hospital das Clínicas. Neuropsicopedagoga clínica e psicopedagoga clínica e institucional. Trabalha no diagnóstico e na intervenção clínicos relacionados a problemas de aprendizagem em crianças, jovens e adultos. Monitora internacional (Nível I) Método Neuropoint, potencializador da inteligência infantil (Comau-UCP - Universidade de Ciências Pedagógicas Enrique José Verona - Havana, Cuba). Especialista em Reabilitação Neuropsicológica - Hospital Israelita Albert Einstein (São Paulo) aplicada de maneira preventiva e terapêutica em pós-trauma, problemas de aprendizagem e processos cognitivos correlatos à senilidade e senescência. Curso de Imersão em Neurofeedback - Instituto Neurobio - Fortaleza (2023), aplicado no treino cognitivo como ferramenta na reabilitação neuropsicológica.

Contatos
vivianapalou@gmail.com
Instagram: @palouviviana
LinkedIn: Viviana Palou
11 99496 4341

Parentalidade

No contexto da contemporaneidade, considerando as transformações que a família tem tido nos últimos tempos e como consequência a sociedade, a definição de parentalidade tem apresentado mudanças e merece uma atualização.

Conforme a bibliografia disponível podemos defini-la: o termo parentalidade é utilizado para abordar as relações entre crianças e os adultos responsáveis por ela.

Quando queremos definir a parentalidade, entendemos que seu significado é amplo, de várias fases e que se refere a um processo não consolidado, que vai além de gerar filhos e inclui elementos relacionados a fatores socioculturais e os do próprio indivíduo.

O que quero dizer é que a expectativa de "ser mãe", "ser pai" ou "ser filho/a" se constrói a partir das nossas vivências e das situações que a própria vida nos depara e outras pelas quais nunca pensamos vivenciar. E, por meio de nossos sentimentos, da nossa projeção e dos nossos julgamentos, vamos ressignificando o nosso papel com nossos filhos ou, no paradoxo da vida, junto a nossos pais e familiares.

Nesta leitura, quero destacar a importância da participação da família (no sentido restrito e amplo da palavra) como participante nos processos terapêuticos de modo geral, sendo eles pós-traumáticos, nos transtornos de aprendizagem, neurodegenerativos ou na senescência.

Quando falamos de processos terapêuticos, devemos parar para pensar quais são os protagonistas desse processo. Somente terapeuta/paciente ou a tríade terapeuta/paciente/família?

Quando um paciente chega ao consultório em busca de ajuda terapêutica, seja ela qual for, visualizo mentalmente esse indivíduo na ponta de um iceberg cuja base é a família e seus conflitos. Muito se engana aquele pai/mãe/filho cuidador que entende que não precisa de ajuda porque sua participação no processo não é necessária.

Família e filhos formam um elo indissolúvel e é no ambiente familiar que seus integrantes esperam por carinho, apoio nas dificuldades e oportunidades de desenvolver potencialidades. Então, quando a família não assume seu papel integralmente, ela adoece e seus integrantes devem participar dos processos de apoio multidisciplinar.

A propósito: como está a saúde da sua família? Para entender a importância da sua participação nesse processo, avalie qual é seu verdadeiro protagonismo com seus filhos e parentes. Vamos lá?

Prometo que serei verdadeira(o) e sincera(o) comigo

Antes de falar sobre o papel da família e seu envolvimento nos processos ou tratamentos terapêuticos, pense quais eram e são atualmente suas expectativas como pai/mãe, filha(o), quanto desse pensamento já projetou na sua vida futura e qual é seu eu ideal.

Essas perguntas permitem um momento de reflexão e ao mesmo tempo um ponto de partida para entender em que pé você está em relação à sua participação dentro dos diferentes contextos familiares.

Alguns pontos que podem ajudar na autoavaliação:

- Quem é você como mãe/pai/filha(o)?
- Como você se definiria: boa mãe, bom pai, boa filha/bom filho?
- Está satisfeita(o) com a participação na ajuda de profissionais que alguns dos seus familiares precisa?
- Como avalia o ambiente da sua casa? Contribui ao diálogo? É facilitador?

Em uma pesquisa realizada em oito países, entre eles o Brasil, sobre os fatores que interferem nos "novos pais", teve destaque:

- Solidão em um mundo hiperconectado: 32% dos pais entrevistados.
- Realidades inesperadas da parentalidade: 31% dos pais entrevistados fizeram referência a se sentirem "despreparados" para assumir esse papel.

Portanto, as pesquisas apontam para uma geração de novos pais em que a solidão e o despreparo se fazem presentes. A função dessa parentalidade no Educar Cuidando se torna um conflito principalmente em um mundo cheio de mudanças, que fazem parte do cotidiano dos seus filhos e familiares, sem saber como participar quando uma situação não esperada dentro desse contexto se faz presente.

Na sua opinião, qual a abrangência do educar e cuidar? Em quais contextos familiares você os aplica? Já pensou nisso?

Processos terapêuticos: até onde vai minha vulnerabilidade e participação como pai, mãe ou filha(o)?

Quando verificamos uma dificuldade que se instala e causa sofrimento em um dos nossos familiares, recorremos à ajuda especializada com o intuito de "aliviar ou resolver" o desconforto. Mas até que ponto delegamos toda e qualquer responsabilidade ao profissional em questão: médico, psicólogo, neuropsicopedagogo, cuidador etc.?

É importante considerar a participação da família, a fragilidade nesse tipo de situação, até porque muitas vezes as dificuldades pautadas nos nossos filhos têm origem nos conflitos familiares, não é mesmo? Lembra a base do iceberg?

Por outro lado, famílias que omitem o protagonismo e disponibilidade para atuar nesse tipo de situação projetam de maneira indireta sua vulnerabilidade interferindo no cuidado especial que alguns de seus integrantes precisam.

A família deve ser um gerador de harmonia, conforto e segurança para seus membros. Mas como ofertar aquilo para o qual nem sempre estamos preparados ou disponíveis?

Muitas vezes não percebemos a influência da família no desenvolvimento, no equilíbrio emocional e social de seus integrantes, por isso convido você para entender a extensão de sua responsabilidade.

Tenha abertura suficiente para lidar com as adaptações pessoais e familiares, considerando que, no ciclo da nossa vida, ocorrerão eventos que, provavelmente, mudarão nossos papéis familiares.

Com o nascimento dos filhos e, posteriormente, netos, com o envelhecimento dos nossos pais, nossa parentalidade sofre modificações e inversões de tarefas. Mas lembre-se de que o cuidar sempre prevalece nessa jornada pela vida. Considere que sua vulnerabilidade e postergação de projetos pessoais poderá estar implícito nele.

Parentalidade: como, quando e até onde devo participar?

É difícil obter respostas objetivas e certeiras para essas perguntas, mas ajudam a fazer uma autoavaliação do nosso perfil como pais e/ou filhos cuidadores. A parentalidade apresenta situações contrastantes, que podem influenciar de maneira positiva ou negativa no desenvolvimento e autonomia dos nossos filhos e na qualidade de vida dos nossos familiares idosos.

O excesso de cuidados pode ser tão prejudicial quanto a falta. Estudos reportam consequências desfavoráveis em ambas as situações, sendo a primeira representada pelo *burnout* parental e, a segunda, pelo abandono de cuidados ou parentalidade negativa.

Burnout parental

A nossa expectativa como pais/mães/filhos cuidadores pode ser extremamente exigente, nos excedendo em cuidados nos processos terapêuticos ou não, ou em ocasionar situações facilitadoras de desenvolvimento. Roskam, Raes e Mikolajczack (2017) definem como *burnout* parental o estresse intenso e contínuo, recorrente ou pontual, com sensação de exaustão física, mental e emocional.

O *burnout* parental se desenvolveu na Europa na década de 2000, mas seu conceito existe desde 2014 (ANCIÃES, 2014). Atualmente, tem sido mais frequente nos países de modo geral, tanto pelas exigências atuais referentes à criação dos filhos, quanto pelo cuidado de crianças e adultos com necessidades especiais.

Vários são os fatores que podem contribuir para essa síndrome. Veja se você já se identificou com alguns deles:

- Expectativas frustradas quanto à parentalidade.
- Participação da mulher no mercado de trabalho.
- Exigência crescente das crianças para ter a atenção dos pais.
- Parentalidade adulta – pela inversão geracional, ou seja, quando os filhos assumem o papel de pais/cuidadores interrompendo projetos pessoais de vida.

- Cuidado especial, ou seja, quando nossa parentalidade deve ser tão especial como as necessidades dos nossos filhos ou familiares.
- Exigências de um processo terapêutico ultrapassando os recursos disponíveis.

O excesso de cuidados tem um custo orgânico, emocional e social para quem cuida. Veja os exemplos e se já se identificou com algum deles:

- Sentimento de culpa por não se sentir bom pai, mãe ou filho/cuidador ("Deveria ser melhor, não sei cuidar dos meus filhos.").
- Afastamento emocional dos filhos e parentes idosos ("Levá-los para passear dá muito trabalho, deixe-o em casa.");
- frustração e angústia para lidar com a rotina diária ("Todo dia igual.").
- Sentimento de incapacidade no cuidar dos pais ou dos filhos ("Parece que tudo o que faço nada funciona.").
- Frustração pelo adiamento de planos e projetos pessoais ("Não posso nem pensar em casamento, devo cuidar da minha mãe.").

Parentalidade negativa: esquecida e digitalizada

Esse tipo de parentalidade apresenta consequências emocionais relevantes nas crianças e adultos com necessidades especiais ou não, interferindo no desenvolvimento global do indivíduo, na sua autonomia, no cuidado e nas adaptações possíveis e concordantes com suas limitações, além de outras citadas anteriormente.

A demanda de cuidados e atenção pode causar desgastes emocionais na dinâmica familiar, como já vimos, porém outros fatores, tais como histórico familiar e cultural, vínculos emocionais com a criança ou o adulto, poderão gerar a sonegação e omissão dos cuidados de acordo com as necessidades.

Na era digital, alguns recursos eletroeletrônicos proporcionam momentos de lazer que não deverão substituir cuidadores nem pais, embora nem sempre é a realidade vivenciada em processos terapêuticos e de cuidados.

Atualmente, observamos a parentalidade digitalizada, na qual os eletroeletrônicos podem proporcionar entretenimentos horas a fio, gerando o **abandono digital** por parte da família em que esta é substituída por programas e aplicativos, em um diálogo unidirecional, omisso e sem interação familiar, afetando a dinâmica do cuidar e o fortalecimento dos vínculos afetivos.

Lembre-se: cuidar é um ato de afeto.

Outras situações atreladas à omissão da parentalidade nos cuidados terapêuticos especiais podem trazer consequências permanentes, duradouras, com desenlaces trágicos para quem deve ser cuidado devido a uma limitação ou incapacidade independentemente de sua idade.

Coloco a seguir algumas características representativas da parentalidade negativa. Veja se já não se identificou em alguma delas:

- Vínculos familiares autoritários ou omissos ("Aqui mando eu." ou "Deixa para lá.").
- Qualquer tipo de negligência ("Sei que tem cinco anos, mas gosta ainda da mamadeira.").
- Omissão de qualquer tipo de cuidado ("Sei que precisa ir ao dentista, mas vou esperar.").
- Falta de vigilância ou controle (aqui com firmeza e não com autoritarismo) – "Já falei o que pode e não pode assistir, não vou ficar repetindo".
- Abandono ou omissão na participação dos processos terapêuticos e de cuidados ("Não vou mais com esta psicóloga. Ela diz que o problema está na gente.").
- Abandono emocional dos vínculos familiares ("Deixa ficar na televisão, não aguento os chiliques dele.").

Considerando essas características, fica clara a importância da adesão familiar no que se refere à sua prole e familiares que, por processos traumáticos, fisiológicos ou por transtornos específicos, requisitam apoio profissional, o qual não é restrito ao paciente, e também à família. Essa participação torna-se indispensável, uma vez que pais, filhos e cuidadores podem auxiliar no desenvolvimento das potencialidades de seus filhos e nas possíveis adaptações, viabilizando a harmonia no ambiente familiar.

Não "deposite seus filhos, pais e parentes idosos" na escola, no consultório, no futebol, nas atividades terapêuticas de apoio, nas instituições de longa permanência. Acompanhe-os nas vivências e necessidades. Seja ativo no crescimento deles, porque garanto que será mútuo. Então, veja quanto você, seus filhos ou familiares podem estar perdendo!

Inversão geracional – parentalidade institucionalizada

A dinâmica populacional mundial está mudando nas últimas décadas, com aumento da população idosa (acima de 65 anos) em relação à jovem. Por que essa dinâmica está mudando? Estudos reportam três fatores responsáveis nesse processo:

- Melhoria nos avanços tecnológicos.
- Queda da natalidade.
- Melhoria das condições do atendimento da saúde.

O idoso atual se apresenta mais ativo e participante socialmente quando comparado com décadas atrás, se reinserindo gradativamente na sociedade, a qual está se adaptando a esse novo padrão social.

A velhice traz na sua bagagem doenças de base, geralmente crônicas, cuja origem multifatorial interferirá na funcionalidade e autonomia para a execução das atividades da vida diária desse indivíduo. Destaco que, mesmo em uma velhice saudável e sem intercorrências, o desgaste fisiológico normal esperado inclui declínio de várias funções físicas, emocionais e cognitivas, aumentando o grau de dependência do idoso, requisitando maior atenção e cuidado de seus familiares.

Sendo um processo contínuo e progressivo, as demandas da senescência acompanharão seus familiares em mesmo grau de exigência, transformando a dinâmica familiar de maneira impactante, principalmente na inversão de papéis, na qual os filhos se transformam em cuidadores.

Ao assumir essas funções, haverá perda de outras e o aparecimento de sentimentos pouco construtivos e motivadores, como o do afastamento afetivo para com seus familiares.

Não adianta ir visitá-lo, ele já não lembra de mim

Adjunto à senescência e, na maioria dos casos, se apresentam os transtornos neurodegenerativos: doença de Alzheimer, de Parkinson, entre outras, marcadas pelo declínio cognitivo, alterações de comportamento, da memória de curto prazo, da perda da autonomia física e geral do idoso, que limita a possibilidade de realizar as atividades cotidianas e de autocuidados de maneira adequada, aumentando o grau de dependência.

Inicialmente, a família adota uma postura solidária de maneira coletiva entendendo que dará conta das necessidades e limitações que se instalam progressivamente. Porém, considerando a evolução fisiológica do processo, outras mudanças na rotina, vida pessoal e profissional dos filhos/cuidadores serão marcantes ou igual a seu impacto emocional.

Devemos considerar como o nível de dependência de um familiar idoso interfere na qualidade do atendimento do seu cuidador, entendendo que, em algum momento da vida desse individuo, a dependência será total, além da perda das suas capacidades cognitivas e, consequentemente, a da sua identidade em casos específicos, como na doença de Alzheimer (DA).

Nesse tipo de situação, os cuidados que seus filhos podem oferecer serão insuficientes às demandas, levando o familiar/cuidador até a exaustão. A internação em casas de longa permanência permite que um idoso com essa gravidade nas limitações possa ter os cuidados constantes e necessários de que requisita.

Assim, muitos familiares poderão desenvolver tanto a Parentalidade Construtiva Positiva (quando se sentirem desolados entendendo que seu papel de filhos deixa de existir) quanto o Abandono Parental, como ocorre, infelizmente, em várias situações em que o idoso é deixado em pleno abandono nesse tipo de instituições.

Se já passou ou passa por essa situação, entenda que a perda da identidade, tanto para o idoso quanto para você como filho é mútua. O primeiro perde suas referências, sua casa, sua autonomia e sua família, ou seja, seu patrimônio emocional. O segundo (você), o vínculo familiar com seus progenitores.

Mesmo assim, poderá exercer sua parentalidade fora do ambiente de origem, transformando suas visitas em situações de duplo crescimento, de elaboração e vínculos emocionais diferentes, sem se importar que é *seu vínculo e não o de seu familiar, já que este o esqueceu involuntariamente.* Então, participe e reaviva essas lembranças toda vez que puder, mesmo que para ele seja a primeira vez. Mas não será para você, certo?

Lembre-se: toda vez que mantém a identidade do seu familiar idoso, você cuida da sua e da sua integridade. Pense nisso.

Considerando todas as formas e fases em que a parentalidade sofre transformações e pode ser exercida, é sempre um desafio a adesão familiar nos processos terapêuticos independentemente da idade do paciente, às vezes por falta de informação ou até mesmo pela dificuldade que os familiares encontram para lidar com a situação em questão.

Então, de que maneira podemos facilitar para que pais, filhos/cuidadores ou responsáveis possam protagonizar seu papel coadjuvante nos processos terapêuticos, participando como ponto de apoio e ajuda para o paciente e para o profissional?

Como terapeuta de uma das diferentes áreas multiprofissionais envolvidas, destaco a importância de estabelecer quais serão os objetivos na orientação familiar, a fim de facilitar a participação ativa. Entre os quais, destaco.

Objetivos da orientação parental

- A compreensão da família referente à linha do desenvolvimento do paciente (reversibilidade das expectativas família-paciente).
- A compreensão de que o processo interventivo é coletivo e apresenta fases que priorizam as potencialidades cognitivas e socioemocionais do paciente ou minimizam seu declínio.
- A compreensão de que o processo interventivo não é só centralizado no paciente, mas também na família, que pode ser apoio fundamental e complementar do profissional.
- A compreensão de que o processo terapêutico no *setting* deve ser extensivo ao ambiente familiar, atuando como um fator amplificador.

Ferramentas facilitadoras para o planejamento da orientação parental

Para compreender o perfil familiar comportamental do paciente no traçado desse planejamento, coloco a seguir algumas sugestões:

Realize, com a anamnese do paciente, a "anamnese familiar". Não há um padrão ou formulários estruturados, mas você poderá considerar no seu modelo algumas informações relevantes dos pais, filhos/cuidadores, tais como:

- Origem da família (fatores culturais intrínsecos – etnias).
- Lembranças significativas dos responsáveis em algum momento de suas vidas. Esse fator pode contribuir no entendimento do perfil comportamental deles e a incidência positiva ou negativa no nosso paciente.
- Dinâmica familiar (organizada /desorganizada – critérios e prioridades dentro do ambiente familiar).
- Composição familiar e graus de instrução de seus integrantes (serão facilitadores para a conscientização do problema "real" do paciente numa linguagem simples, porém eficaz).
- Disponibilidade emocional e real dos responsáveis com o processo terapêutico, considerando que inclui mudanças e, portanto, adaptações.
- Como os integrantes da família "percebem" as dificuldades ou limitações do paciente. Nesse ponto, é importante ouvir os pais e familiares considerando a percepção individual e coletiva ao respeito.

Ferramentas facilitadoras e norteadoras para a orientação e participação familiar nos processos interventivos

- Diário parental: neste instrumento, poderão ser registradas situações de convivência com o paciente e as respectivas demandas emocionais que justificaram ou não um dado comportamento, o qual facilitará nas orientações aos familiares por parte do profissional.
- Programação da rotina diária: neste instrumento, pode ser registrada a dinâmica da rotina, distribuição e qualidade do tempo disponível na relação pais-filhos, atividades de lazer e terapêuticas.
- Planilhas de desempenho: este instrumento, à maneira de planilha, pode ser utilizado para avaliar o desempenho do paciente em atividades fundamentais como sono, alimentação, atividades sociais, atividades escolares etc.

• Termômetro emocional – Planilhas comportamentais: neste instrumento, podemos monitorar elementos importantes, como: situação, emoção e comportamento. O instrumento incluirá uma parte específica para o responsável e outra para o paciente, visualizando reações e sentimentos, conflitivos ou não, orientando os responsáveis e o paciente para obter mudanças positivas e menos traumáticas. O profissional poderá indicar:

– Sites específicos em organizações confiáveis para orientações complementares;
– Livros e folhetos apropriados à idade do paciente que abordem o problema em questão, considerando que a leitura com os pais tem abrangência tanto informativa como reforçadora dos laços afetivos;
– Aplicativos para reforço terapêutico, organizacionais de rotina e autocuidados: podemos utilizar, de maneira consciente, ferramentas tecnológicas, plataformas digitais específicas compartilhadas, que permitirão avaliar a adesão do paciente às atividades de reforço terapêutico, atividades da vida diária, de rotina, de humor, administração de medicamentos etc., sob a supervisão de pais ou responsáveis e do próprio profissional.

Destaco que reuniões de orientação familiar serão fundamentais para avaliar resultados, para ajustar comportamentos e atividades, considerando a demanda emocional presente em todo o entorno familiar (família-paciente). Conforme a frequência das reuniões, desenvolvemos a conscientização e as mudanças adaptativas necessárias, ou seja, a adesão da família no processo terapêutico.

Não existe um padrão ou modelo de ferramenta que facilite nosso trabalho. Devemos estabelecer ou até mesmo criar modelos parentais de adesão conforme cada caso. E, se me permite a expressão, é como pintar um quadro, nuance a nuance, todos os dias, em que criatividade, disciplina e dedicação vão de mãos dadas.

Para concluir

A parentalidade vai muito além do significado restrito das palavras presentes nas definições. A vida nos leva a ressignificar a parentalidade como algo dinâmico, contínuo e imprevisível, na qual não existem papéis fixos, rótulos ou funções predestinadas.

A parentalidade envolve um turbilhão de sentimentos opostos, contraditórios, de conflitos pessoais sobre nosso verdadeiro papel nas inúmeras tentativas de manter a identidade da nossa família e confrontando a nossa realidade.

Para ressignificar a parentalidade, não há fórmulas prontas. Só posso dizer que, durante sua vida e experiências familiares e pessoais, passará por desequilíbrios, por momentos de transição, de profunda alegria e de impasses, adiará projetos pessoais e iniciará outros impensados, assumirá novos papéis na sua vida, que mudarão sua identidade. Durante esse processo de constante autorreflexão, o resultado será a construção de um novo pensar. Então, comecemos agora!

Referências

ARAÚJO, L.; CERQUEIRA, J.; SANTOS, J. A família e sua relação com o idoso: um estudo de representações sociais. *Psicol. Pesqui.* Juiz de Fora. 12(2) 14-23. maio-agosto 2018.

AUGUSTO, J.; SILVA. M. Abandono digital: os danos causados aos incapazes por falta de supervisão dos pais. *Revista Foco.* Curitiba (PR) v.16. n.11 e 3590, pp.01-24, 2023.

DADALTO, E. V.; CAVALCANTE, F. G. O lugar do cuidador familiar de idosos com doença de Alzheimer: uma revisão da literatura no Brasil e nos Estados Unidos. *Ciência e Saúde Coletiva*. v.1, n. 26, 2021, pp. 147-157.

FERREIRA, A. *Burnout parental, habilidades sociais e educativas parentais e monitoramento parental: um estudo de caracterização.* Dissertação de mestrado apresentada à faculdade de Ciências e Letras de Ribeirão Preto – USP. Área Psicologia em Saúde e Desenvolvimento, 2023.

FÉREZ-CARNEIRO, T.; MACHADO, R.; MAGALHÃES. A. *Inversão geracional na família: repercussões da parentalização na vida adulta*. Psicologia USP, 2020, volume 31 e 190126.

O QUE é parentalidade? Estamos fazendo do jeito certo? *Ninhos do Brasil*, 2022. Disponível em: < https://www.ninhosdobrasil.com.br/o-que-e-parentalidade>. Acesso em: 17 jul. de 2024.

ROSKAM, I.; RAES, M. E.; MIKOLAJCKZAC, M. (2017). Exhausted parentes: development and preliminar validation of the parental burnout inventory. *Frontiers in Psychology*, 8 163.